U0096612

四年沒睡

我的頑強人生

許春穗／著

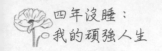
前言一

謹以此書獻給愛我、影響我至深，每想到她的艱苦人生，就讓我淚滿襟的我的摯愛母親……

人的生命就像掩在煙霧中，連自己都看不清楚就長大了。（馬丁紐斯・比昂遜）

這是一個平凡人的不平凡故事，可以說是「駭人聽聞」的故事……。

讀者看到書名之驚訝可想而知，這四年沒入睡，雖顛覆一般醫學科學的理解程度，然而卻是千真萬確之事，不必懷疑，我都說各位見主面那天就明白了。

這是近乎半世紀的「前塵往事」……。

我這一生歲月雖忙忙碌碌，然心中總掛著一份對上帝的虧欠，就是這麼大的神蹟，我竟書寫不出，明顯此生在地上的年日已不多啊……約四、五年前寫過約七千字的關於這事件，卻一點也感動不了自己，我心中納悶，我主啊！怎麼了呢……。

直到 2019 年 3 月，主要關鍵是遠在十二歲就認識，約於高中時期頻頻引導我信主的麗蘭給的二片「我心旋律」CD（這系列今總難取得），那幾首未曾聽過的如夜鶯啼訴般的歌聲旋律……，乍聽之下，其詩歌帶出的悲悽氛圍，竟把我帶入了當時的情境……，讓我哭了約十天……，原來

是……。

　　聖靈有時會用一首詩歌、一篇講章、一件善事、一段經文，甚或自然界裡的奧祕而偉大的景物來作工，但最終還是聖靈自己直接的在人的靈裡動工。（摘自被譽為美國二十世紀先知陶恕博士 A.W.Tozer 之「超然的經歷」）……之後，一路發展……，竟然在一個多月裡，就把當時過程之主要架構，快速寫成近二萬字，一面寫，一面哭……，所有過程歷歷在目，每每閱讀每每自己感慨也感動萬分……，「時候到了」，沒錯，「上帝的時間」一到，你就自然明白了……。

　　當我完成初稿，有姐妹說：妳不是四年沒睡，妳只是沒有好好睡一覺而已……，唉……真的是讓人難以置信……，甚至女兒說：媽媽，妳要有心理準備，當妳的見證一發表，就會有「不相信者」的網路霸凌……，唉，「常有霸凌與你們（我們）同在，只是不常有我（驚悚的故事）」（模仿耶穌說話方式）一笑……。

　　……信者恆信，不信者恆不信……，就任由他們吧……。

　　家妹說：若有人質疑，你就回他（她）：「你要慶幸你沒有這樣的經歷」……。

　　@只要明確知道自己在做什麼，那麼，最終得到的是褒是貶，我們都無須太過在意……（選）

　　據報導不睡之最長紀錄目前是十八天，我說我的「瑞瑪」（Rhema）無疑可登上金氏世界紀錄了。

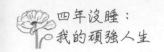
「若事情出於神，就沒有不能忍受的」，「祂不會讓你們的試探過於你們所能忍受的；而且在你們受試探的時候，祂會給你們開一條出路，使你們忍受得住」。（哥林多前書十章13節）

「特例非通則」，就如但以理的三位朋友在火旺七倍的高溫火爐裡毫髮無傷，摩西帶領幾百萬子民走過紅海乾地；撒拉八十年歲，仍能生育；拉撒路死了四天，身體早已發臭，耶穌卻立時使他復活；死裡復活在聖經裡至多「個案」；前些日子美國男子心跳停了 67 小時，再三搶救後竟活過來，然而之後腦部全無受損之後遺症，這都是特例個案。現實也不乏此種特例啊！對基督徒來說是他（她）的，「特別季節」，上帝讓其學到特別的功課；信徒經驗法則，日後會明白上帝對其總是有存在屬於「特別任務」（任務之大小在神眼中都是同等重要）之託付，待他（她）去「面對」與處理，也可說是特殊任務之「前置作業」。在當時是他個人的「瑞瑪」（Rhema 特例），而非適用於他人之「洛各斯」（Logos通則）。趙鏞基牧師早年著作裡形容，瑞瑪是當事人的「特例」，「洛各斯」意思為「通則」，二者含意迴異；不可拿特例當通則；韓國兩個高中女生堅持要渡過滔滔山洪，她認為耶穌可以走在水面上，且耶穌也說「有信心也可以」，她認為她也沒問題，結果淹死了。

我屬靈層面也不夠寬廣，況且學養不足，文筆不夠「佳言美詞」，文章題材或也不符編輯之標準，文中使用了至多

我尊敬與欣賞的名人哲人，與屬靈領袖的至理名言、智慧語錄，來詮釋我的心思與景況，匯集他們的論述，也算是以「讀書摘錄」帶入福音解析與見證，並詮釋我的景況。更可形容為「先哲與我一起講述我的故事……」就如 2004 年喬伊絲‧海文斯坦（Joyce Havenstein）著作，（簡宛、石家興翻譯）她一生蒐集至多名人、哲人的智慧語錄，匯集成冊的「智慧之鑰」一書，讓我們可在小小一本書裡窺見這些先輩先賢的智慧……，我有幸也能有我所尊崇的先賢智者的智慧來幫我一起講述我的艱難人生，若蒙讀者們諒解我的有限，則無限感恩……。

　　「模仿」，是一種致敬。（作家胡慧玲）
　　「欣賞」，是一件很美好的事。（伏爾泰）

　　我本持的是一份熱誠分享之心切，或您願意在百忙之中，靜下心來閱讀我的，「真感情即好文章」，並在這有限的地上年日，彼此砥礪，奔跑天路，直到見主面，期盼在耶穌點名時，「我們亦必在其中」（聖詩）……。

　　有說：世界上有種道路，除了你以外，任何人都無法行走，別管它通往何處，勇敢的向前走吧！
　　這是個超越一般想像的艱難過往，然而，疤痕沒有什麼好遮掩的。（黃千洋）

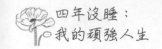
對於一個四年沒睡的人，您或有一份好奇心，想了解一個打從六歲就開始深度思考人生的生死問題的人，她是如何度過這四年多歲月？之後她的人生將如何？有機會讓您也一起「窺探」，並「瀏覽」這一路「景緻」，「觀賞」這「奧祕的旅途風光」，這一段時光是上帝祂「量身定做」的特別「季節」，是超乎一般想像的景況，為了讓我學到另個不同領域的知識；再閱讀下去，或能在我所一生思考，並摘錄歷代哲學家的「生死大哉問」裡，找到您一生中對生命的迷思之答案。

這是一部人生的血淚史，過程盡是斑斑傷痕……，這信主之前四年多之磨難其一是為往後近四十年的「命定」，不過比起四年沒入睡的「A級煉獄」，這近乎四十年的磨難算是「B級」層次。若非前面的磨難，絕對面對不了後面的更漫長歲月。我的小組姐妹們聽我敘述前後的境遇，當下的震驚難過的呆佇神情，讓我久久難忘懷。

找不到可比喻的，我就跟上帝說：盼不冒犯祢，因數字的巧合，我拿摩西做比喻好了；前面四年之艱難就當摩西孤寂曠野磨練，一年抵十年，也是四十年；以後近四十年就如他「受完訓」，銜命帶領以色列子民出埃及，入迦南地，艱難地當幾百萬乖戾子民的領導，然也是特級天使一般，剛好近四十年……我仰天長嘯……我的主我的神啊……？夠了吧……？終於，我踏上紅海乾地……走入豐饒的迦南地……。

「每當有人遠航歸來，總有故事要說」（阿士莫斯）

　　匆匆走過一甲子的煎熬與忙忙碌碌，仍然「一攤好好」，午夜夢迴，總有個低聲耳語似的：「你的見證在哪兒」？沒災沒病「不藥」的日子裡省察上主宏恩，又有聲音：「妳還有多少年日」？留我「遺命」也是上主的「生有時，死有時」（傳道書三 2a），也是上帝對我的耐心等待。最近無緣由的心神不寧，似乎感覺得到靈裡在告知我、催逼我「不能再拖了」……。

　　2019 年 7 月 13 日凌晨 3 點半，走出洗手間後突然沒預警的暈眩昏迷，頭部重摔於地後住院，頭部左側至後端幾百 CC 的腦硬殼與皮下出血，且持續十小時強度暈眩，頻吐膽汁，打了四劑止暈藥卻不得解；謹此當下深深感受到生命的脆弱，真的，我們若能一息尚存，仍是在祂手中，祂要收回是一瞬間的事，哪能有一絲僥倖心態；「我們生活、動作、存留都在乎祂……」（使徒行傳十七章 28 節）；之後以他法處理（中醫判定我中暑不自知），止暈後奇蹟的只住院十小時即強辦出院（斷層掃描暫無狀況），推翻醫生囑咐「需住院數天，以利觀察」。隔天 14 日頭上頂著約數百 CC 的瘀血，主理個案祭祀公業派下員大會，竟能保持有之前的精神體力，直到最後一刻。雖後來數週仍偶會出現暈眩，然已在復原中。明顯是上帝恩典，靈裡確知我有要事未完成（當然最重要的是見證篇），此生應該不會就此戛然終止，且不願住養老院的母親，除了日託，其他幾乎我一手打理，我始終

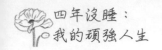
相信上帝絕不會讓我比母親先走一步的啊！而在這十小時裡，雖一路強度暈眩與嘔吐，然而我的內心竟然是出奇的平靜，除了確信努力一年的艱難案件（且一個多月前已發出的眾人開會通知），不會付之東流之外，也深信上帝不會在此時召我享用晚餐，留下承受不了「慘狀」的母親，那是一種在主裡超越一般篤定的平安與信心……，我腦海中已確立了一個我站在公業公祠議事臺上的畫面……。

近三週的休息中，再三省思：是上帝在提醒我「沒多少年日可供妳拖延了……」。有說：某些時候，巨災的來臨，讓我們可以再三反思自己的生命，也就是所謂的「用一種凝視的力量，重新審度看待自己」，是基督徒的所謂「停下來比前進重要」之奧祕，「你們要休息，要知道我是神」（詩篇四十六章 10 節）。

當我拿出電腦開啓時又一次眼淚奪眶而出……，是唏哩花啦的，止不住的淚水如潰決的堤防噴湧而下……，我這一生我是屬於不輕易掉淚的一族，驚訝自己的淚水水庫竟如此豐沛，是一輩子鎖住不放的淚水循此機會奮力奔逃？此刻看來，這禁不止的淚水將一路陪我到完成此書了，然而相信走筆途中，將轉爲感恩的眼淚……。

其實這四年多的磨難，早已在記憶中模糊了，幾乎沒在多年的生涯中出現，當下雖很難捱，也是每天煎熬也每天過了，記憶中都是咬緊牙根不掉淚的；有說：時間常會製造距離的美感，再大的苦難，歷經時間的流逝，都會逐漸淡化，留下的往往只是經過揀選的美好回憶，或許是因過程特別

的艱難吧！當時的我就如神學家盧雲所說像是「馬戲團裡被拋入空中，飛盪翻了數圈的空中飛人」，對面接手人得分秒不差地接住。當時的我，是在空中翻轉了太多圈了，因「看不到」接手的人在哪兒，我唯有竭盡餘生餘力，再無緣由的繼續掙扎翻滾，當下可說已近乎神智不清的最後關頭了，後來真的上帝伸手接住了我……，壓傷的蘆葦祂不折斷，將殘的燈火祂不吹滅。（以賽亞書四十二章 3 節）

當 2019 年 3 月，聽了好友麗蘭給我那片我心旋律 CD，那幾首我沒聽過的「耶和華是愛」、「空谷的回音」、「祢是……」、「我敬拜祢」、「我渴慕祢」、「風鈴風鈴」……，這幾首歌真的很特別，其「超脫」、「悲悽」兼具之旋律氛圍，竟讓我掉入近半世紀前當時的「悲慘」情境，歌曲帶出的就是我的當時那段歲月之景況與心境，已模糊的記憶全然湧現，悲悽之情忽然襲上心頭，幾乎是百分百的相似心境啊！而整段煎熬的歷程如倒捲的電影銀幕，一一呈現，也如洪水般排山倒海而來，也如電影壓縮版充塞整個腦海，腦中滿載這些片段，幾乎把我淹沒……，我竟連續哭了超過一週，心情才慢慢平復下來，然仍每聽每哭。我說這些聖詩詞曲者是經歷多大多深的苦難，才能譜寫出如夜鶯般如此悲悽之音啊？生命有多深，痛苦就有多深；當時的狀況之艱難可形容為「超過人類精神體能所能承受縱與深之極限」。當時可說是只剩身體軀殼存在……，不曾哭過漫漫長夜，不足以語人生……。

然我一定得完成這見證，我都說我已把上帝給的生命

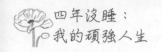

耐力活出無限，這可形容是上帝對我一生之嚴峻考驗，我深知祂認為我承受得住，因「祂的恩典是夠我用的」（哥林多後書十二章 9 節）。若形容上帝把我放在砧板上捶打也不為過，然而「在上帝砧板上所受到的擊打，並非毀滅性的，而是建設性的」，後來也滿得上帝恩典，我就循規的以見證回應上帝的愛。親愛的，我得告訴你，這些艱難我都渡過了，盼望能鼓勵閱讀此見證的你，將會明瞭你的難處也一定過得了關的……。

「人生不在拿一副好牌，而是如何把壞牌打好」（選）

「人生諸般考驗的目的，不在將你擊倒，而在將你成就」（諾曼‧文生‧皮爾博士）

「有生命就有希望，有希望就有生命」

「當你決定往前跑時，全世界都會為你讓路」、「所謂強者並非無淚，而是淚在眼底打轉，仍然奮力向前跑的人」（選）

「認為有無限可能就是活，以為將會如何就是死，生死在一線之間」人的盡頭就是神的開始……。

祂認為我需要「拆毀再重建」，我無言，祂不拿去我的肉體生命，然祂要我的老我「死透」……，我順服……。

「上帝雖不給我們生涯藍圖，但我們可以確定祂在前面領路」……。

「上帝不曾應許我們天色常藍，人生的道路花香常漫，但是祂應許我們行走有光，生活有力」……（選）

　　只有深信神認識我們比我們認識自己更深，才能在這個世界生存下去，只有相信神會保全我們，才不會支離破碎，只有信守下面這真理：「生命中的每一渺小成分，甚至每一根頭髮，都安然受神的眷顧維護，我們才能贏取生命」（海天），否則我們會如神學家盧雲所說：「從我的所作所為來看，好像我們是隨隨便便被扔到創造界，由自己決定如何自娛一生」，感慨「人生一條船，悲歡渡歲月」的孤寂無助，或消極的以為自己是可憐蟲一個啊。

　　謹以此書獻給在我最艱苦未信主的四年半裡，與前後的歲月裡，早已被您耳濡目染，潛移默化，深深影響我一生，我的堅毅卓絕的母親；與早年 12 歲時，上帝就已安排相識的天使麗蘭，不辭辛苦帶領我信主，並擴展我的幫助資源，並死忠的一生陪伴跟進；與家妹菊一路相挺。也感謝我的啟蒙牧師，是聖經神學院教授我的恩師，埔里教會林雅各牧師（已於 2020 年 2 月 15 日安息主懷），在我的煎熬過程，他也一路陪我到底。在此特別感謝 L 君，早二年半前「偶然」認識，營會相處七天，卻不自覺早已被上帝差派來參與一件上帝的救贖計劃，即將要當我的特別天使而不知。自戰鬥營會相識的二年半之後，分秒不差參與我的重生救贖，雖二年半中總共只相處短短七加一天，最後那一天的相會，就走出我的人生，從此天涯兩相隔。然而上帝與你是即時接住我的兩隻手，上帝立時醫治了我的頭痛……，也是你同時出現……，找回我破碎片片，不復存在的自我，當時的你年紀輕輕不足二十歲，是知名大學的新生，卻一點也不青

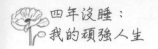
澀，因著你與眾不同的特質，且飽讀詩書，沉穩持重，你所傳遞的鼓勵之溫暖與肯定，使我因此有能力將已支離破碎，不復存在的自我，片片拼湊起來，加上上帝的恩典眷顧保守，日後所拼出的「圖案」卻更出色；「人的心若受到鼓舞，勢必努力繼續飛翔」……若說我是艾菲爾鐵塔（經此之後，無疑我真實已是內心較為強大的人了，盼望能與它一樣不易被擊倒），**那麼底層四座基礎鋼架，有兩座的重要材料是你給的，這也十足豐富了我的人生，讓我永遠銘記在心……。**

感謝那些折磨我們的人事物吧！如果沒有這些折磨，我們就不可能激發突破人生瓶頸的潛力，也不可能超越人生的各種困境。（《感謝折磨你的人》凌越）

人生充滿蒙受痛苦的經歷、備嘗失望的苦澀，重複錯誤的無知、遲於覺悟的難堪。只有在經歷了這一切之後，我們才能獲得具有內在價值的經驗，從而成熟起來。（路易吉・皮蘭德婁 Luigi Pirandello 義大利）

作家霍桑：「困難與折磨對於任何人來說，都是非常寶貴的磨練鬥志和毅力的機會；只有承受得起別人無法承受的折磨，才能夠讓自己成為真正的贏家。」

GraceHsu 春穗寫於 2020 年 4 月

前言二　何處是「兒」家……

「眾裡尋他千百度，驀然回頭，那人卻在，燈火闌珊處」（辛棄疾）

上帝對祂已「走失」的兒女之聲聲呼喚，隨時都在身旁「迴盪」著，然而「兒女們」卻捨近求遠，尋尋覓覓……

洛・史都華主唱的〈航行〉（遠行）（Gavin Sutherland 作詞作曲）：「我在航行，越過海洋，返鄉回航……，航行在洶湧的波濤中……，有時候覺得很累，只因為在人生的道路或旅途上，忘記了要去哪裡……，你聽得見我嗎……？穿過遠方的黑暗，我不斷地盼望，無止境的哭泣……主啊，為了靠近祢，為了自由……」內建鼓勵話語：路也許很窄，但總可以走；路也許很長，但總會找到一處停留；無論多麼艱難，我們都要有愉快生活下去的勇氣，感謝我們所擁有的……。

「推遲探索死亡是對生命不負責的表現，是既愚蠢又危險的行徑」（中華福音神學院系統神學助理教授，李建儒）。

「我們不能等到達生命終點，人生已到盡頭時，兩手一撒：『這是怎麼一回事？』」（唐崇榮牧師）

「我們對於死亡的事情知道的太少了，這點一直讓我感到很訝異。」（賈米拉的風，LeventaDjem1a，1939）

勇於面對死亡是智慧，而為死亡做準備，更有智慧（RWD）。

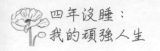

死亡是另一個生命的延續（蘇格拉底）。

死亡是時間的末頁，也是永生的首頁（選）。

上帝的兒女不會永別……。

@曾慶豹教授於魏連嶽教授著作之《死亡神學》一書上的推薦序所說：正因為「有死」，使得「生」變的有意義；「不死」，只會讓時間永遠停滯，做任何事都變得沒必要，或是「雖生猶死」。所幸人「會死」，就此使得「生」顯得格外意義非凡。他在《死亡神學》一書中提到神學上所謂的「談論上帝」，其實即是「談論死亡」。如果沒有死亡做為神學存有論基礎，一切關於上帝的談論，若不是空談，就是失去了談論的理由。換言之，正是死亡這個主題，使得對上帝的談論變得無法迴避，從創世（有限／無限）、救贖（罪死／永生）、到終末（來世／永死），正是透過死亡，向我們逼出對上帝的問題。又說，死亡作為一個神學問題，它與上帝這個問題一樣的古老。因此「死亡神學」不僅談論死亡，它同時也是談論上帝。「想」死亦是「想」神。

上述這段話對我的過去掙扎是何等的貼切，我從幼年即不相信人只是有限的軀體世界而已，不能接受「死了一了百了，灰飛煙滅」，以致能長期忍受超越死亡的痛苦之磨難，上帝祂知道我打從小時候就日日夜夜在「想」「死」，上帝在我的「時候滿足」時，成就了祂的救贖……。

當今人們談論身旁正受苦受難的人時，結論總會聽到一句：「生命總會自己找出路……」然而，我必須說，總是

有些人的人生就是找不到出路，真正走到無望的盡頭啊……。盼望這些人們都能像我一樣，找到一條永恆且充滿盼望之路……。

我們有時會發現自己處於無法掌控的情況。上帝的目的是讓我們耗盡自己有限的資源，然後祂會成為我們的供應者。（凱利‧基索芬）

有說：上帝賜給我們死亡，也是神的仁慈……。死，是一項上帝賜給予我們意義非凡的禮物，我們應該向死亡道謝……。

「生寄死歸」詮釋了我們的一生……。

上帝的愛無法解釋，只能經歷。上帝的愛是（神祕方程式）

靈性上的事超出人的思想，也超出知識的領域，它是一概照上帝所說的話成就。（Morning Dewdrops）

神的知識和全知，與祂本身一樣，是自永恆已有的。我們都要銘記這一點（海天）。祂可以與世上七十億人同時下棋……，這是個奧祕……。

上帝多麼愛我們每個人，好像你我都是祂的獨生子女一般……。

如果我們可以自我救贖，基督就不會為拯救世人而死……。

人生需要有主旋律才能成調，然與主同台，才能奏出氣

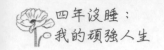

勢磅礴，盪氣迴腸，甚至足以迴盪並穿透歷史長廊的壯麗篇章。

愛裡沒有懼怕，愛若完全，就把懼怕除去。（約翰一書四章 18 節）

「突然來的驚恐不要害怕」（箴言第三章 25 節）
堅信的基督徒都可體會上帝應允我們生活中「一無罣慮」的奧祕。

……依靠主，才能歷盡風霜仍屹立不搖……。
無論形勢多麼嚴峻，上帝子民所擁有的永遠比他的「敵人」多得多（MRD）。

信心使我們曉得，凡事都有上帝在引導。
當我的四周儘是黑暗，
世間的歡樂均離我而去時；
救主在我耳邊訴說祂的應許——
祂永不撇下我一人（Amon）。
過去的時光有歡笑、有淚水，終將成為恩典的記號……。

忘記背後，努力面前的，向著標竿直跑（腓立比書三章 13–14 節）。

「生活總是讓我受傷，但到後來，那些受傷的地方一定變成我們最強壯的地方」（海明威）

按著定命，人人都有一死，死後且有審判（希伯來書九章 27 節）。

如果你相信耶穌復活，便無須懼怕死亡。

屬天的愛比死更堅強……。

耶穌說：在世上你們有苦難，但你們可以放心，我已經勝了世界（約翰福音十六章 33 節）。

基督信仰不是「宗教」，是至高無上的道，包含了拯救萬物的工作……

「除祢以外，在天上我有誰呢？

除祢以外，在地上我也沒有所愛慕的。

我的肉體和我的心腸衰殘；

又是我的福份，直到永遠」（詩篇七十三篇 25-26 節）

等候主的人，絕不會被逆境壓倒。

信徒只有在面對苦難時，才會產生出鬥志和韌性，最後形成自己的性格。（約翰·懷德曼）……，生活若是石磨，就讓它來磨練我們的品格吧（選）！

我們原像一根紡線，繁忙的往返穿梭著，但只有主知道要織成什麼樣的圖案（Morning Dewdrops）。

然而聖經的好消息：「百歲死的仍算是孩童」，（以賽亞

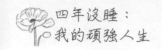
書六十五章 20 節）這應許讓我們不怕在世容顏老去，就不用常想去吟唱那首熊慶鄭先生詞曲的「深深的懷念」……啊……「光陰一年一年在流轉，我們一年一年在變老，翻看發黃的老照片……，時光帶走了我們的青春……，歲月帶走了我們的容顏，不變的是那純真的笑臉……」呵呵……多麼感傷的歌詞喔……，雖是首超美旋律歌曲，然而聽了也或許會讓你淌幾滴淚，但是，我們如今卻能「不以為然」……「容顏老了」又怎樣？慈善、寬宏、不斷成長仍能保有一顆赤子之心，及不厭倦生活的人，始能永保青春……，多活幾年，才能對世界多盡一份力量啊……。

所以，我們不致喪膽。外體雖然毀壞，內心卻一天新似一天（歌林多後書四章 16 節）。

所以不用如詩人感嘆：芳草變蕭艾，追憶逝水年華……。

有說：如果想收到改變生命的郵件。就打開聖經，讀上帝寫給你的信。跟隨主開始，就已啟動祝福的開關。小小的開始，就如一個小骨牌，就可慢慢推倒後面大些或更大的骨牌。

所有宗教都是人們因心裡空虛而找寄託，唯獨基督真理是「上帝更在找你」；屬靈前輩這句形容最貼切：我們都會在各人的（時候滿足）之時間點與神相遇……。

有一名士兵曾說過：「在散兵坑裡沒有無神論者」。

多數的無神論者無法尋見上帝，就如小偷無法尋得警察是同一回事。（Morning Dewdrops）

召喚奇蹟的禱告詞：

願祢旨意成全，這是美好的一天，我為這美好的一天獻上感恩，今天必有奇蹟與驚喜接二連三發生（佛羅倫斯·斯科維爾·希恩）（《召喚奇蹟的禱告》作者）

詩篇一百三十九篇 7-12 節：
我往哪裡去躲避你的靈？
我往哪裡逃、躲避你的面？
我若升到天上，你在那裡；
我若在陰間下榻，你也在那裡；
我若展開清晨的翅膀，
飛到海極居住，
就是在那裡，你的手必引導我；
你的右手必扶持我。
我若說：黑暗必定遮蔽我，
我周圍的亮光必成為黑夜；
黑暗也不能遮蔽我，使你不見，
黑暗卻如白晝發亮。
黑暗和光明，在你看都是一樣……

無神論者都害怕死亡，前程是一片黑暗迷茫；心有基督，則一無所懼，滿懷永生的期待盼望（Spet）。
我們得隨時為人生的「最後關頭」做好準備……。
即使我們選擇不相信祂，既不服事祂，也不參與任何宗

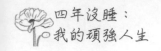
教活動，但也更改不了我們必須向祂交賬的事實（海天）。

我們得「避開滑石，閃過深潭，才不致在無知中滅頂」（鄭錫戀）。

聖經確實是一面鏡子，讓我們看見上帝眼中的自己（選）。

耶和華的慈愛歸於敬畏祂的人，從亙古直到永遠。祂的公益也也歸於子子孫孫（詩篇一百零三篇 17 節）。

如果你心裡留有耶穌基督的位置，祂在天國必為你預備位置（選）。

「傳福音唯須心懷『搶救靈魂』心切之重責大任於身……。」

「人被『拉』到死地，你要解救……」（箴言二十四章 11 節）

「莊嚴和我們的墳土是如此接近，

　人與神亦是如此親近，

　當義務對我們低聲耳語，你必須扛起。

　用『青春』回應之，我可以做得到」（艾默生）

熱誠能提升生活的深度，使生活更有意義。如果你表現的冷淡，你或許會開始凍僵。如果你表現的熱誠無比，就算因此燒到自己，至少你將在這個懦弱與徹底混亂的世界中，散發出一股溫暖。（諾曼‧文生‧皮爾博士‧Norman Vincent Peale）

　　有說：世上唯一眞正的英雄是「看透了生命的眞相，仍然熱愛生命的人。」我想這「看透」二字應該是親身經歷生命的苦難、凌厲……，就是歷盡滄桑，仍然擁有一顆柔軟的心與一份熱忱的情懷，也是「心中有愛，眼底有光」，這樣的英雄偶會出現在我們身邊，或耳聞……，多年前中國大陸電視台專訪一位叫做「符凡迪」的男士遊民，對白過程內容讓我記憶猶新……符先生超過不惑之年，不知爲何，仍無家可歸、孤獨、流離失所，仍是奮力上進成長，多才不只英文、音樂……並能唱出別人唱不出的韻味，就那首「朋友，別哭！」唱哭了多少華人，也那麼的牽動我的心，後來所有唱者都不能讓我感動……別人唱的是「歌曲」，明顯他唱出的是「生命」……言談感性溫柔……到如今仍難忘懷……他更是處處熱誠關懷每個身邊人……他是我此生少見到的英雄……他的丘壑裡擁有股沒道出的深邃泉源乎？

　　音樂天才、著名的小提琴家帕格尼尼（意大利 1782-1840），四歲的昏厥症差點奪走他的命，七歲的嚴重肺癌，依靠大量放血得以治療，開始了多病的一生。十多歲長滿膿瘡，逼不得已拔掉所有牙齒；初癒，患上可怕眼疾，幾乎全盲，關節炎、腸道炎、喉結核……等等疾病同時入侵，瓜分著、吞噬著他的肉體，連聲帶也難逃一劫……，眼盲又失聲，只能利用嘴形表達他的思想，靠兒子替他一點一點記錄下來，直到他五十七歲時吐血身亡爲止……。

　　帕格尼尼的悅耳琴音曾遍及法、義、德、英、捷克……等國，精湛的技巧使帕爾瑪首席提琴家驚爲天人，曾感動得

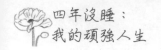

從病褥上一躍而起，肅然而立。

他的琴聲風靡無數的聽眾，幾乎歐洲所有藝術大師大仲馬、巴爾札克、蕭邦、司湯達……等人都聽過他的演奏，並為之動容，封他為共和國首席小提琴家。

帕格尼尼的音樂象徵他的生命，正如歌德評價說：「他能在琴弦上展現火一樣的靈魂。」

而李斯特聽了也激動地大喊：「天啊！這四根琴弦中包含了多少的苦難、痛苦和受到殘害的靈魂啊！」（以上摘錄自「伯格尼尼的傳奇人生」）

沒有人知道究竟是苦難造就了天才，還是天才註定得承受這些苦難（凌越）？

海倫凱勒、立克‧胡哲……暗室之后、楊恩典、藝術博士黃美廉等等，多麼艱難的人生，仍擁有一顆熾熱的心……。

凡苦難過必要留下「痕跡」？要記得諾曼‧文生‧皮爾博士的鼓勵：諸般苦難並非要把你擊倒，而是要將你成就……。

當你飽嚐過人生的苦難，並能因此更熱愛生命，你的生命將能影響他人的生命；若讓你來朗誦聖經詩篇第二十三篇：耶和華是我的牧者，我必不至缺乏……我雖然行過死蔭的幽谷，也不怕遭害，你的杖，你的杆，都安慰我……聽到的不會只是詩詞，而會是你的至美靈魂與不朽的生命力……。

　如果沒有經歷過被逼到絕境，奮力求生的經驗，你不可能有顛覆性的思考（石角完爾）。

　損傷和缺憾，往往是我們進入另一種美麗的契機（選）。

　能哭著吃飯的人，大致上都能活下去（選）。

　唯有面對生命的波濤纏磨，忍耐到底，奮力泅泳，終必能得勝……。

　死神最怕咬緊牙根的人（選）。

　那些殺不死你的，只會讓你更強大（選）……。

　耐苦比尋死需要更大的勇氣（拿破崙）。

　在生命呈現的獠牙時，閱讀一首詩，轉身加入那個無止境的行列（詩人陳雋弘）。

　人生除了苦難，其實另有更多美麗的感動……周遭發生的許多事，都充滿迷人的智慧，可學到無限的啟示（戴晨志）。

　幸福絕非沒有憂愁與煩惱，逆境也絕非沒有慰藉與希望（培根）。

　眼中無淚，心中不會有彩虹。不經痛苦，不會產生真快樂。（TV 程尼）。

　唯有將折磨自己人事物當成生命中的貴人，才能扭轉自己的命運（選）。

　凌駕命運之上的人，信心是命運的主宰（海倫凱勒）。

　經驗是苦難的結晶（選）

　傳福音之重要：擊鼓的人不必管鼓聲可傳多遠？那是上帝的事，僅管擊鼓就好了（剛果諺）。

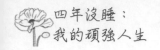
做一個小小的「善行」
雖然看不到結果
它卻如散開的漣漪
直到悠久的永恆（Norris)
有種友誼
天涯海角不相見
然而卻是
天上人間皆惦念（Grace Hsu）

哈立特博士曾說：「當我跑完人生道路時，我不希望墓碑上有太多讚詞，我期望的毋寧是這樣的話：主囑託付的事，他未曾疏漏一件！」差太多了我……我們有時忙得無暇去關懷貧困的弟兄，有時忘記為別人代禱，有時見證的機會來了卻未把握，我們的過失要提也提不完（選）。

檢視此生，總懷蹉跎歲月的罪惡感，未盡到基督徒的任務與使命，盼望在這遲暮之年，此篇見證或稍能彌補些許這一生對傳福音之虧欠。

（前言「二」至此）

人這一生，除了生死，其他不過是算擦傷而已（選）
疤痕沒什麼好遮掩的……（黃于洋）

人生旅程又長又屈曲，主因為愛我們，常常不讓我們一眼看盡全程，免得我們擔心。祂讓我們走一步看清一步，讓

我們有「柳暗花明又一村」的感覺。看見路已經到盡頭了，不要害怕，要相信祂必會繼續帶領我們，因為祂知道盡頭仍有道路；正因為我們肉眼所見的有限，才能讓我們時常尋求祂的指引（摘自海天日曆）。

　　然十字架之路會令你活得極度痛苦；可是一個人越是痛苦，在神的眼中，這個人就越接近真正活著（肯培多馬）。

　　我學養不足，只因需要講述我的故事，見證上帝的偉大奇妙宏恩，唯有來一場「讀書摘錄」，摘錄了多位文人學者的智慧語錄，並提供我的一些觀念來詮釋我的心境，所以我的見證可形容是「與學者一起講述我的故事」，顯然更為貼切……。

　　@有關死亡這議題實在太嚴肅了，我才疏學淺，從未任何創作，何能何德在此大放厥詞，前述提到只因要把我四年多的生死奮鬥的艱辛過往與大家分享，唯有引用頗能針對議題、先哲先賢對生命與生死的智慧語錄，來詮釋這段艱難的人生，並在面對艱難人生的至重課題上，也引用諸多能鼓勵眾生的智慧語錄，盼能多予包容體諒我的不足，無限感恩。

目錄

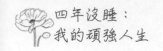
01.童年的記憶異於常人的思維體質

我從六歲以後才開始有生活上的記憶；打從有記憶起，我就天天失眠，因爲我每天晚上睡覺前，都在想一件事：有一天我一定會死，然後被埋在土堆裡（常可望見北邊玩伴其祖母頗不美觀的土墳，總生恐懼，印象深刻），從此就不存在了……一、二個小時都未能入眠，睡了也常做惡夢哭醒……。

小時候單純的農村，人們較善良；我與姊的房間位置在三合院中段，左右皆有門框沒門板，大人小孩可自由進出；若我已睡著，有任何人無聲無息或墊腳尖走進來，我就立即甦醒，因我可以感受到那人呼吸的氣息，唉！成年後被動幾次與朋友參加被催眠，催眠師永遠催不「倒」我，都很尷尬聳聳肩，表示對我沒輒，說我某方面太理性了；到如今，半夜若沒醒來，就沒有翻身，超過醫學研究法則。我這輩子若太累熟睡些，若有點打呼，好笑的是每次都會被自己的呼聲吵醒，較難入睡，也幾乎很少沉睡經驗，哈！眞是奇特的體質，我深知「從睡眠中醒來之強烈感受」，所以當有人聽到我四年沒入睡，就說，不可能吧！搞不好你自己睡了自己都不知道……唉……信者恆信，不信者恆不信，這已不重要了……前言提到：「大家天上見就明白了……。」

@對於我這終期一生都有「入眠障礙」的體質來說，入睡與醒著是個兩極化的情境，我哪會不清楚這環……。

02.未完成的心願

　　當我要著手開始寫我的一生回顧時，忽從記憶庫裡浮出已遺忘的，早年想為母親寫下已儲存在我腦海裡，就是她偉大傳奇的一生故事，然因對自己文筆沒信心，迄今仍未落筆；今提筆要寫我的四年未入睡，不可思議的歲月當下，猛然靈裡提醒我，若非我那超凡的母親賦予了我年少那段艱難歲月的生命養分，我哪能夠度那段漫長艱難的時光？我震驚了……我幾十年的遲鈍，這重要關鍵竟在我遲暮之年，讓上帝來提醒我……真實慚愧啊……當下深知，若不先敘述我那人間超凡的母親，也就寫不出我的四年沒睡的人生……我已……潸然淚下……。

　　母愛如一股涓涓細流，雖無聲，卻能滋潤乾枯的心靈，它平凡，卻在平凡中孕育著一份驚人的偉大，有時母親像是一劑特效藥，可以拯救那病入膏肓，行將就木的靈魂。有時母愛像海上一盞明燈，引導我們走出迷途，追隨光明（選）。

　　當我跌倒，誰來扶持我？誰對我說美麗的故事？誰給我傷痛撫慰的吻？（我的母親，安・泰羅）

　　母親是燦爛光輝的朝陽（洛震）。

　　子女是屬於神的，只是交託給父母關愛、照顧（盧雲）。

　　上帝不能偏行各處，因此祂製造了母親，代為照顧提攜我們。

　　我自詡天生具有堅強心志，超強毅力，才能面對我這四年半的煉獄，原來是母親生命裡的堅韌特質，能勇敢面對人

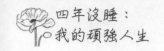
生逆境的精神，與其人生歷練連結了我，影響了我，也是她
傳奇人生之匯集與傳承，形塑了我的人生，故寫此書等同也
寫下了母親一生中之重要回顧⋯⋯。

03.母親的毅力與仁慈

母親娘家在台中，外祖父飽讀詩書，日據時代，五個女兒全部得乖乖上學，否則鞭子催了去，然因經濟條件不佳，女生只能唸到國小畢業就須就業……。

外祖母被能言善道的父親遊說要母親嫁給他，他願意答應外祖母，如被招贅般與外祖父母同住，幫忙照顧母親年幼的三位弟弟，與長年重病的外祖母，因母親四位姊姊皆已出嫁，然後來事情的發展逆料，父親卻強要背約，帶著母親與當時才四歲與兩歲的兩幼兒我的兄與姊搬出去住，讓媽媽哭到心碎，因全家約十口人都是母親一手照料，三位弟弟與母親年紀差距大，難以照料外祖母……然母親也因此離開了因父親造私酒，每日須清洗的數百隻玻璃酒瓶，與永遠做不完的雜事，父親空檔幾乎都賭博去了……。

後來因父親生意失敗，就帶著全家大小回南部鄉村投靠祖父，那時我才三歲。

母親得時時面對父親的後母無止盡的百般挑惕，並直言 X 刺，她總是沉默面對。我永遠記得母親的這句話：「我招呼妳奶奶，她總是裝聾不回答，她再不回答，我就一直叫她，再不回答，就走到她面前再叫，直到她回答……。」真是毅力啊；鄰居婦女群總喜閒言閒語，她不願夾雜其中，她因此環境而顯得更沉默；六歲前的記憶中，搜尋不出她曾與我對話的片段，這也讓我年輕時，認為我的口才笨拙，導致語言發展太遲，不太會回應旁人必要的互動，以為與這有相

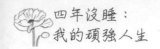

當關係，然後來都能理解當時母親的生命中一直負載過重的擔子，真的就更安靜內斂，我知道環境的無奈與不能選擇。母親這生命的另一環之修養與包容，溫和、忍耐與寬廣之特質，也深深刻在我腦海中……。

　　初中由南部中學（佳里區北門中學）畢業的暑假，與老祖父相依為命的我與弟妹三人，很高興搭了北上火車，往多年爸媽事業發展地豐原出發，很高興多年的骨肉分離，從此告一段落；此時此刻的列車是開上了全家團圓的幸福之路……這段我多年企盼能投奔父母懷抱的最後路程，是最雀躍的時刻……。

04.孤寂的童年

　　打從小一至初中三年共九年，爸媽難得在家，他們離鄉背井，漂到遙遠的鄉鎮從事鋪柏油的工事，因工事機器昂貴，工寮簡陋，怕被竊，過年也難得返家，然總是會收到媽媽親筆的書信，雖她歷經四年日文教育，僅兩年的中文學習，母親卻寫得一手極佳中文書信，她的信我們在孤苦生活的極大安慰；偶爾母親回家住了短期時光，是我最為欣喜的日子，但總從她臉上感受到一絲絲靜默裡的滄桑；對於長年的聚少離多，當時代的孩子總是逆來順受，從不曾發出怨言與要求，就這樣一年又一年，終於盼到全家總團圓了……。

　　家中雖有三姊妹，然而母親只與我是無話不談，團聚後，總是與我手牽手上市場，逛街購物，探訪，看病……打從四十多歲就開始，她一輩子從不間斷地看醫生，我夠心酸的；為了家，她承受太多壓力與創傷；我很高興常與母親促膝長談，她把我當朋友般的訴說所有心事與早年故事，讓我能在短時間內，已然詳窺她的內心世界，加上片段童年記憶，已讓我更明白她一生處事為人之風範，她仁慈善良、親和、孝順、堅毅與忍耐，在寬宏氣度之心胸裡，卻蘊涵了堅毅不饒與自信，與當時從婦女身上難以看見的果斷與魄力，在當時男尊女卑，父親的獨裁與一意孤行的本質下，難得發揮；偶父親遇到他難以出面處理之事（總是他捅出的摟子），善後事總是母親身影，是她一手操盤，果斷與智慧、恩慈兼俱的把殘局收拾掉……。

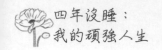
　　多年來聽母親講述她學生時代所唸的歷史地理，關於第一、二次世界大戰時，哪國與哪國交戰，鉅細靡遺地敘述戰線，如數家珍，一字不漏，真讓我自嘆弗如，她說看我教的數學，看來簡單的應用題她都看不懂，不會算，我說：「媽媽，妳知道的已夠多了……」。

05.乖戾的父親

父親出生四十天就喪母,缺陷的成長環境也造成他偏狹的人生;照理說來,他算時「人才」一個,某個角度卻是以「鬼才」形容較恰當,可惜他的一生是不停的外遇與豪賭,五、六十年代在豐原從事建築業發跡後,變本加厲,賭額更巨,後來我與母親翻遍支票本,查出他支票從底層開,每張都是十幾二十萬起跳。南部的詐賭團是父親的同鄉,那一票人一生幾乎都離不了賭海浮沉,再三告誡他,卻仍「明知虎山有虎,偏向虎山行」。直到有天,大勢已去……他總共蓋了不下千棟房,然林林總總統整財產,只剩他給三個女兒的嫁妝三棟房屋,未留給他的兩個兒子任何一片屋瓦,在難以面對江東父老下,他選擇了輕生,短暫的人生,在他玩世不恭下,未滿六十年就謝幕了……。

「在人生的海洋上最痛快的是獨斷獨航,但最悲慘的卻是回頭無岸」。(哥倫布)

他平常的惡習下夾雜非常不適切的方式對待母親,一如脫韁的野馬,讓母親一生承受外人難以想像的擔憂與屈辱……。

年輕時南部的批貨生意,總是能帶回一大疊現金,然而幾乎每次做完生意,就繞到賭場大賭一番,直到兩手空空才甘願回家;母親常在夜裡摸黑跑到賭場搜尋未歸的父親,在

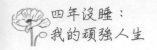
窗外偷窺，看到它掛在牌桌上，雖放下人身安全的掛慮，然卻得再次面對又是口袋空空回家的慘狀，母親回到家就嚎啕大哭。有一次，母親帶著年幼的我一起去，這次她不同以往，是敲門進屋叫出迷於牌桌的父親，父親因沒面子，半路上賞給母親一大巴掌，我嚇呆了，父親是練功夫的人，從此母親的耳朵一邊失聰了。又有一次，她氣的心臟發作，只我在現場，母親要我趕緊叫鄰居緊急召來醫生，打了強心劑救回一命；母親一輩子的眼淚，使她眼球走樣，視力提早出了問題，她形容自己是長年「眼淚當飯吃」。因照顧眾多小孩不能工作；她告訴我，曾想一走了之，把孩子丟給婆婆，然看到排排睡著的五個無孤孩子的未來，她就放聲大哭，走不了……她說後來她退而求其次，覺得若每天只吃一餐，但能守著孩子，她也願意繼續熬下去……。

06.母親的忍耐功夫

　　童年印象中有一幕是在臺南鄉下，母親回家住的一小段時間，黃昏了，頭痛至極雙手壓住整個頭，躺在床上甚久的她，因孩子的晚餐無著落，她免強翻身掙扎起床，燒木材，煮小灶，把最起碼能讓我們兄妹五人填飽肚腹的東西打理完，又抱著頭倒於床上了；我可憐又堅強的母親，頭痛與睡不著是她的日常生活的一部分，是生命裡過重的擔子使然……那一幕看在我年幼的眼中，已讓我印象深刻，永遠存在我的記憶裡……。

　　她最讓我心酸的過往故事，是在台中大雅柏油工事工寮那段歲月，我仍在台南鄉間上小學三年級，她在工地每天清晨三點半就得起床，為了獨自打理六十多位工人的三餐而忙碌，那時代沒瓦斯，基地沒自來水，是打溪水燒木材煮飯的年代，除了三餐買煮（搭公車買菜）之外，也得奔波銀行軋票，為了軋票，搭錯火車，情急之下跳車，一群阿兵哥跑過來要扶她，她覺得很囧，就自己硬撐身子爬起，然而是重重摔傷尾椎，到現在仍有突在脊椎末端的一塊不小的硬骨頭，每次幫她洗澡都觸摸得到，在在讓我無限心疼……。

　　當時的母親真像個陀螺，整天旋轉；印象中她終於病了，回了鄉下休養身體，雖然我欣喜能與她相聚，但是她卻已是病狀不輕的病人，腳已很難走路，只能靠三歲的小妹當拐杖，勉強移步。休息了好長一段時間，看上去似乎復原了，堅毅的她又回到那折騰她人生的環境……父親的柏油

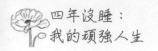
工事遍及南北，包括台南機場與市區道路，台中市區道路，石門水庫週邊道路……這是她的宿命……這樣的艱忍卓絕的心志，已深深刻印在我的生命中……。

從事建築前的人生前段，父親生意失敗，為了五個孩子的生活，母親堅強的找出路，在桃園找到一家旅館當服務生，就是當時所謂的「女中」，負責收拾打理旅客留下的雜亂房間。正高興有工作可養活孩子們時，有天，父親去找她，跟她說：「妳不要做這工作了，我還有幾十塊錢，可買瓶農藥，我們兩個吃了一起死」，母親大為震怒，回他：「你這是男子漢嗎？你沒資格跟我一起死」，還責備他懦弱，輸給她一個女人家，父親倖倖走了……。

童年時父親賺不少錢，卻都賭光，常到處借債未還，母親偷偷養雞、養豬、養鴨、賣雞蛋鴨蛋存錢，盼望有一天全家能回到她習慣居住的中部，因祖母擺明這寬廣的鄉村土地房子不給我們一家長期居住。每次存了一筆錢，就有父親債主來討賭債，讓母親白忙一場，這是週而復始的事。母親手中無存款時，就向村裡父親的親屬借支，幾乎都借得到，因母親在鄰里風評絕佳，都能得到親屬的信任；母親也跟我講述鄰里長輩轉述鄉親如何在背後與當面讚賞她，與對面小學上至校長，下至眾多老師常議論：為何如此優秀女人會嫁到這樣一個家庭……不過都滿慶幸她尚有一位善良的公公……這些話語讓她頗得安慰……。

母親曾提過父親惟恐她哪天拋夫棄子走掉，所以曾恐嚇她「誰嫁給我敢說要走掉，我就拿柴刀把她剁成數塊餵

豬」，對自己沒信心「先下『口』為強」……雖父親乖戾無理，然二人都受日本教育，在記憶中的歲月裡，雖偶會爭執，然從來不在孩子面前發生。

我頭痛當時，她人生的四十多年歲月裡，是那麼的艱難困苦，而當下這些難以想像的困境，仍是進行式，是她接續的無止境的人生，是她尚未完成的艱深至極的功課；至多的傷害屈辱，充滿在她的每天生活生命裡，她堅強的守護著她的摯愛孩子，與她認為不能放棄的家，雖真正的幸福早已流失中……我看在眼裡，難過在心裡……。

說來母親這輩子在磨難中仍有些安慰的是，父親一票朋友夫妻「周遊列國」，母親都能同行，甚至遊歷足跡遍布美歐亞洲，澳洲黃金海岸，蘇聯與紐約雙子星大樓也都走過呢。

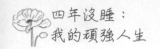
07.母親的高貴情操

後祖母喪夫，帶著獨生女「後來也叫她姑姑」嫁給喪妻的有獨生子的我祖父，父親後母之女兒，我們喊她姑姑；姑姑成年後招贅，我年幼當時，母親與姑姑同時都有三個小孩，母親若幫我們洗好澡，就一定也幫姑姑三個小孩一起洗完，因姑姑與奶奶們習慣很久才洗一次澡，媽不忍心看著她們三個小孩髒兮兮的，且眼巴巴看著我們三個洗澎澎的羨慕神情；若母親把我們住的這邊房間打掃了，也都順便把廳堂與姑姑那邊所有房間都一併打掃乾淨，這是我偉大的母親的高貴情操；之後的歲月，我能感受到我的童年玩伴，姑姑的六個小孩，是多麼的喜愛母親，偶爾她回鄉，他們總是圍繞在母親身旁，舅媽舅媽的喊個沒完……。住家對面何老師與楊老師的小女兒總喜歡來跟母親躺在床上午寐……親愛的媽媽，您一生煎熬受苦，卻仍有顆火熱的心，以滿滿的愛，去關懷四周任何人，我偉大的母親，您的這世上少見的寬廣心胸，深深的影響了我的生命我的人生……。

母親已高齡九十，身體各器官明顯退化，眼力衰弱，又嚴重失聰，助聽器已幫不上忙，這些年來我與母親大致上以書寫溝通。母親牙齒稀疏，咀嚼困難，走路不穩，有助行器也得有人在旁關顧；這幾年來兒孫因種種情況，不能好好接待她，讓她心裡頗多挫折與頹喪，低落的自尊更甚一切，常跟我提到有「不如歸去」的無奈，為此，前後母親與我同住約近三十年，與我最親，我 2011 至 2013 年間赴美二次，

欲定居美國，她也住院二次，因失落心境，心理生理互相牽扯不言而喻……，2013 年我再回台，就決定待下，讓她能安養晚年。母親總是祈求上帝快快接走她，不要再麻煩兒女而不可得，我自己也忙盲了，也與妹妹消極的與她同感，認為上帝為何不讓她早些去天上享福呢……直到這些天……。

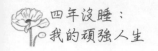

08.一生受教於母親

才剛沉浸在團圓的喜樂與幸福氣氛的我，卻無預警的開始了上漫長四年半的沒能入睡頭疼（如針刺入，固定在頭頂右上方位置）的艱難歲月，這時，我需要堅強的意志面對這些，現在回想，在未認識神的日子裡，我何來這堅強的毅力，承受這麼樣痛苦的漫漫人生歲月，我曾自豪以為自己天生骨子裡是堅毅本質，頑強意志，才能承受這四年多的苦難，而在這提筆當下，才猛然領悟，原來是在此之前的歲月裡，我那願意受教的心，已被母親一生堅強面對她的坎坷人生之心志身影所影響，甚至在我的磨難當下，都在感受與接收她生活中的堅毅精神之養分，真慚愧……。

走筆中，必加添了另外的眼淚，就是對母親的感恩與虧欠的淚水……原來上帝在等我一封給她還能看懂並挑起記憶的她一生的偉大故事，與一份感恩啊……（她雖已信主，然而退化的聽力，眼力真足以影響她的信心），她也才能從人與上帝那兒稍得著安慰；我想，若非我給她這些過往故事，她已較短淺的思維裡可能已沒了這些影像，若就此終止地上年日，那真叫我遺憾致死啊！如今已快馬加鞭，完成了她的人生載述，唯有白紙黑字，才能幫她搜尋出她存在記憶庫裡的寶藏，祈求上帝多給她地上的一段年日……。

母親雖偶而會詳述早年某些生活片段，卻忘了她應該尚有兩位弟弟，其實這兩位舅舅幾年內已相繼去世，我堅決不告知她，免得她憶起後又傷心過度……。

　　走筆至此當下，我把這有關她的過去故事放大字體讓她看後她驚訝了，問我：「妳怎麼記得這些？」我說：「當然記得啊！」我又問她：「你記得我當時約四年沒睡覺嗎？她肯定地點頭說：「記得啊！」她表情些許無奈，也表達出她的心疼，我們兩人當下抱在一起痛哭……。

　　團聚前後的歲月裡，在與母親的「停」、「看」、「聽」的連結與接收下，壯實我內心的質素。所以在我四年多的煎熬期間，我似乎很少出現當今所謂的憂鬱症，肉體雖疼痛與難睡之艱難，仍能享受到白天的喜怒哀樂，然而在輾轉不寐的每個夜裡的煎熬，會深深感受到「笑聲留不住歡樂，眼淚帶不走痛苦」之無奈……直撐到後來……。

　　原來我可說幾乎每天聽媽說對我傳遞堅強訊息，轉而成為支付我每天面對讓我難以入眠的頭痛所需要的能量，她就像是我躺於病床上旁邊吊著的一瓶營養的點滴注射液，一滴滴流入我的血液裡，而當時兩人都不曾察覺這環節的奧妙。上帝啊……！感謝祢，祢安排了「絕佳時機」，分秒不差的讓我來與她團聚，讓我不致獨自面對這難熬的歲月，祢是獨行奇事的神……。

　　母親給我的故事甚多，敘述不完……都是此生上帝給我的恩典……賜予我的人生肥美養分……。

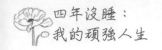
09.四年半的煎熬

　　詩歌〈空谷的回音〉那幾句歌詞現在聽來真我叫我心碎：「我曾經多徬徨，四周無一安息土……」，「我說生命不稀奇，一聲嘆息歸塵土，放棄一的切的追求，任憑潮水帶我走……」……唉！這些都是我當時的心境寫照啊！然而當時我如何「走」呢？我死了就灰飛煙滅啊……我就是以為「人死了就一切幻滅」，怕死到極處，痛苦煎熬早達極限，仍不敢自殺啊……。

　　當時年代沒有斷層、超音波與核磁共振，每半年只能照 X 光與腦電波，但是都照不出所以然；前半年幾乎天天打止痛劑，好讓我晚上能入眠，直到血管硬掉之後，就只有每天在夜裡繼續硬撐……不知為何醫生們又都沒提議給我止痛藥？可能他們認為年紀太小不恰當吧！

　　輾轉無能眠的長期煎熬下，早期與姐妹共塌一房，常常要求姊妹與我對調塌塌米床的位置，好讓我不致老是在煎熬過頭的夢魘位置過久，更畏懼難過，白天又得上課，渾身不舒服導致的煩躁話語，常輕易地出自我的口中，母親都默默承受……於今深深覺得過意不去……。

　　慶幸的是，在高一教官就指定我當「押」送通勤學生往返車站與學校的糾察隊，這樣我竟能硬撐過高中生涯，三年幾乎都能一早到校，承受不了病痛再回家，這項榮譽任務也提升了我的些許生存鬥志，也給了我滿美麗的回憶……。

　　因調查學過樂器者，我兩度學到拜爾教材第 77 首（因

升降音太多太費神，就更頭疼，終於放棄學習），被指定參加學校樂隊吹薩克斯風，雖喜歡這任務，然每吹每更頭疼，也就放棄了。

第三年台大醫生共照 9 張 X 光片，還是找不出所以然來；醫生說若開了刀就會知道原因，然而當時開腦技術尚未成熟，**臨床只一半存活機會，我選擇了苟活**；我日夜擔憂是否得了這當初剛出現不久的「癌」症；每晚渴求能睡一、兩個小時而不可得，其中夾雜了「從此一覺不醒」的憂慮與惶恐而難以（也不敢）入睡。每天入夜後，都是我最艱難的人生，每夜的煎熬裡總想著：這綿綿無絕期的痛苦……不寐的漫漫長夜惡夢何時了……每夜裡都默默地閉眼躺著，然後接續無止境的輾轉翻身……真叫「百轉千迴」啊……當一個人失眠時，總會感覺到睡床堅硬不舒服，得頻頻輾轉換睡姿，我每天都在硬撐著活下去……瘦到只剩四十公斤……能撐這麼久真是奇蹟。後來聽到雅各牧師提到他看過一個醫學報導，說人在高中階段是人體細胞大量的增生成長期，需要特別多的睡眠，唉！我真的不能入睡啊！也許因沒睡所受傷摧毀的細胞，被這期間新生且旺盛的細胞取代，才能如此存活吧！可能也是正逢這階段的細胞大量之增生期，才能熬過去吧！而這裡面也有母親給予的超級養分是最大助力啊……。

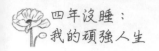
10.近在咫尺的死亡……懼怕死亡的幻滅……

二、三年前看過一個約一小時黑白影片，是蘇聯的死刑犯實驗，題目是「若能一個月不睡覺，則無罪開釋」，然 19 人中無一倖存，最後大致先瘋掉，或亂自挖臉孔而死，在監視器下每人行動無所隱藏，然不知此事真實否？

病急亂投醫下，四年半跑遍「南北二路」，有牌照沒牌照中醫西醫包括土方醫生，林林總總屈指一算，共超過三十位皆無奏效。後期已出現精神耗弱，也找了精神科醫生。屬重病，高中時主任教官特別通融一張醫院證明長期擺他桌上使用三年，所有任課老師給我特許，隨時可趴在桌上，隨時可離校。我多次克服了想翻過圍牆從三樓一躍而下的衝動；下課時常常靠著走廊圍牆，靜靜往下看著一樓花園水池，總覺得離我很近……似乎總有個聲音：「距離很短的……一下子就到了……一切就結束了……」頑強的生存意志終究勝過這聲聲「召喚」……。

「所謂『生命』這東西
　究竟有什麼值得眷顧的呢？
　在我們的生命中隱藏著千萬次的死亡，
　可是我們對於結束一切痛苦的死亡卻是那樣害怕」

　　　　　　　　　　　　　　　　　（莎士比亞）

　　年少的歲月在這樣的痛苦與焦慮不安下煎熬了四年半，不堪回首……。

　　因沒永生觀念，怕死了灰飛煙滅，一了百了，我用大量活動，以模糊掉對死亡的恐懼，平常參加活動之外，寒暑期也參加了救國團強度運動量的戰鬥營，參與所謂跳傘訓練，攀岩，實彈射擊……南台灣健行，我的頑強意志讓我走出去，不想待在家多思想死亡一事……當時我的痛苦早已超過對死亡的恐懼，照理是會自殺的……。

　　「當生活中的痛苦煎熬勝過對死亡的恐懼，大抵都是走上自殺之途。」

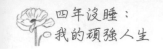
11.不寐的漫漫長夜

「我疼痛大大拳曲，終日哀痛，滿腰是火，我的肉無一完全，我被壓傷，身體疲倦，心裡不安，我就唉哼」（詩篇三十八篇6節），不寐的長夜天天熬，天天過，繼續熬也繼續過；長夜無寐的幢幢惡「夢」，綿延不絕，彷彿一條永遠走不完的無盡頭的路，一路是所謂的死蔭幽谷啊……每天也如真實故事搬上銀幕之好萊塢電影「我要活著回去」，艾瑞克的「奇蹟哥」一般，每天都抓住僅存一口氣，堅強的意志推動他，不甘心就此放棄，竟能不吃不喝，繼續奮鬥，竭盡全力在雪地裡艱難地匍匐前進，煎熬多日，直到與救援相遇，創造了不可思議的超凡奇蹟。我的日夜仿若卡繆書上受懲罰的「薛西弗斯」，每天頂著大石頭往山上推的艱辛。在我的煎熬後期，每個恐慌的夜裡，腦海中似乎有個大銀幕，所有童年至當下的生活記憶，片片浮上銀幕來……。

……苦難雖已疲憊，它卻很少睡眠，不寐的人們曉得時間爬行得多慢……（莎士比亞）

「路程極艱難，整日心恐懼，隱藏在夜闌人靜時」；孤身獨處時雖沒淚水，是「搜尋歡笑心掩飾哭泣」……只因「走向未知路」的焦慮與茫然……這不寐的夜裡真的是「渡日如年」……。

想到這綿綿無絕期的頭痛，彷彿陷在漫長無止境的隧

道裡，找不到出路，不知何時能見到出口的亮光……「我心跳動，我力衰微，連我眼中的光也沒有了」（詩篇三十八章10節）……每個不寐的夜裡，也把我當時生活中經歷過的人事物，與所能想到的所有人生諸事物反覆思考，直到「沒事」可想，就掉進了胡思亂想，因這是「必要的思維聯繫」。當時閱讀了叔本華論文集的「瘋狂」一章，他稱正常狀況下人的「存在」，是為理性與意志的聯結之思維，他說人若遇困頓事，若思維被「折騰」過久，意志也就同步會被折磨到底，產生思緒紊亂，造成理性與意志解離；因理性與意志連結之必要，就掉入胡思亂想，就是所謂「瘋狂」，即為「崩潰」症狀，就是當今的所謂「思覺失調」，那是被折騰至極限的狀況，當下的那本「叔本華論文集」，又是「分秒不差」的恩典，讓我清楚知道我的精神狀態；我有滿強的「病識感」，雖然狀況很糟，卻因此能自我察覺病狀變化狀況……這是在之後要敘述的上帝的第二階段救贖的「奇遇」後，才有能力讓自己每天費超大心力，想辦法要把意志與理性「拉在一起」……真的好難好難……漫長歲月的爭戰……之後幾乎無找諮商，加上上帝恩典，多年後才能有奇蹟式的復原，只是當時情況自己明顯已沒能力掌控；於今看到那些思覺失調者，我都很心酸，都能想像那是經過了多少磨難折騰啊……。

眼望著每年「麥秋已過，夏令已往」仍是睡不著的疼痛日復一日……這期間我從沒「摘下手套，扔下毛巾」準備放棄……「宿日『唉』聲啼不住……然而『重舟』卻能『度』

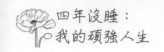
過千重夜」……（四年多一千多天的煎熬）。

　　所謂「可以失去的都已經失去了，似乎還未失去的已準備好要失去的姿勢」，我不甘心啊……我需對抗啊……「我橫著心向自己叫陣：振作一點，水往下流，人向上爬」……（選）

　　記得某個夜裡痛苦到極點，我忽有個假設思維：若有人拿著槍逼我在限時內回答一個考題，題目是「若你可選擇出生於世，或不要出生為人，即從來不曾存在過，是『二擇一』，若限時內不給答案就槍斃」，不能以看過這世界而感慨的說「這世界實在沒什麼，不要出生最好」（有人就這樣回答），「有死就有生，無生即無死」，然而「來是偶然的，走是必然的」，走向灰飛湮滅？我真的太難以承受啊！當時川端康成的自殺新聞，令我心生感慨其無畏死亡的勇氣。我想過我的答案就是：雖我已嚐盡煎熬，歷盡折騰，如今已不成人樣，痛苦到可自殺多次，然我也經歷多少人間溫暖，賞盡多少美景，因我熱愛我所身處的世界，我有滿滿的愛，愛著我身邊的人……雖已近意識模糊，但愛人與被愛的火花餘溫仍隱約於靈魂與胸懷中震盪，我覺得我是確定不能在限時內回答二選一，我確定會被槍斃的，因沒限制時我也答不出來……我隱約覺得「至美寶貴的生命本身不該只是眼見的而已……。」

　　「沒有上帝在生命中，我們知道現今擁有什麼，卻不知道『將來』會得到什麼，最吸引人的來生立論景象那麼沒確定，自不能除去對死亡的恐懼，無論生活多艱難，身體多衰弱，我們依然緊握生命不放」（盧雲）

　　我肉體包裹著的生命不肯熄滅……（傑克倫敦）

　　這就是我們放眼看去的芸芸眾生，真的夠辛苦。

　　我們得終其一生都在摸索所謂「靈的殼」與「魂的壁」？

　　所以有說：「我們得善待身邊每個人，因為他們都在苦戰」……。

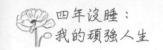
12.九歲體驗靈魂的存在

　　煎熬中回想起打從我小時候會害怕死亡之後沒多久，幾乎在寂靜夜晚的天籟裡，常可聽到從天際流瀉下來我在學校聽過的各首兒歌，如〈百浪滔滔〉，〈我家門前有小河〉，〈妹妹背著洋娃娃〉……是風琴奏曲，是那麼能清晰耳聞，當時小小心靈深覺訝異，也很愉悅享受之，然而對死的恐懼總會再三襲上心頭……後來有信主姐妹說她小時候也有這經歷，原來是上帝早已在向我啓示祂的存在……。

　　在某個煎熬的夜裡，出現了一幕早已忘記了的情景：大約小學三年級的某個也是難入眠的夜裡，夜更深，天籟更寂，仍是一股懼死的心思讓我難以入睡……忽地，從天際東邊有股看不見、聽不到的意念傳導到我的身心上，用一種我當時能體會的方式，讓我竟能看到我身上有個不滅的東西存在，稍稍浮出我的身體，當時我小小心靈竟然可以安靜的感受到那是個「另外」我不知是什麼的東西，因當時年紀太小，沒有「靈魂」這二字的概念，當時也可以感受到有個清晰意念啓示我：「身上這個東西確定是不會跟隨肉體一起死亡……」，後來思想那是上帝使用我能理解的方式，要傳導給我的意念，竟讓我能體會「身上這個是百分百不會隨著身體消失而幻滅的，妳不必害怕死亡……」；當時我確定能體會到重點，很是神奇，這一霎那就過了，之後印象中似乎就漸漸沒之前的因懼死而失眠了……然而隨著時間巨輪輾轉之下，這畫面也就一天天的漸漸模糊……直到開始頭痛後

的煎熬歲月裡，這些片段環節一幕幕在我腦海中重新浮現……。

　　這些年科學已實驗，在身體斷氣後體重立時少了21克，是靈魂的重量。

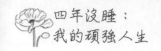
13.多彩的友誼與生活點滴刺激求生欲

　　到後期，因我已因為長年未入睡導致精神耗竭，幾乎只剩下一具軀殼，學校作文寫不出，都是結拜姐妹淑敏幫我代筆，她早已息了勞苦十多年，在走筆當下思及此，又潸然淚下；淑敏，你在我最失落的那段歲月，都陪伴在我身邊，結拜姐妹中算是你最了解我呢……也幫我最多，我永遠記得在之後歲月的互動裡，妳曾感慨地形容我「如一鍋滾水」，意思是從不空過時光，總是在馬不停蹄的「學習與工作」，唉！我有難言的苦衷啊……一半也是我的本然個性啦！彼此都忙，來不及敘此舊情……你獨生兒子銘竣告訴我，你心臟發作他趕回家，看到妳桌上明顯放著我的照片，天啊！多年未見面，你心裡仍掛著我……我都心碎了……我虧欠妳太多了，我盼望妳在另個世界感受得到我的感恩之情……。

　　因長期沒休息，全身神經肌肉總是不自主地跳動，嘴巴咬合喀喀作響，我常擔心下巴會鬆了掉下來；右眼眼壓也升高且腫；多年後才想到國小五年級時下課跳繩重摔頭部，因右手抽痛麻休學一個多月就沒事了，也是上帝適時給予的恩典，因父母都不在家啊！到約四十歲才發現我的頭骨是歪的……大張嘴巴時，手指腹壓著右臉頰，連著耳朵的骨頭接合處，這本應是密閉的，然卻是一個張大的洞，幾乎可用一根針戳入到頭殼內部，與左邊完全不同位置。當時的確摔得不輕……。

　　雖在夢魘的夜裡跳出了這些與上帝相遇的模糊印象，

在我四年半的煎熬裡，似乎也不怎麼能幫助我，因我就只是**頭痛與懼怕「猝死」而不能入睡啊！我需要入睡啊……**「何以拂曉未來，夜暗依舊悠悠深藍」……偶會想：「**若有人一拳重擊我頭，讓我昏迷過去，趁此可睡一覺也不錯啊……**」，唉……在這煎熬期間，什麼事都想過了……似乎上帝逼我去回想小時候我與祂的這些奇遇，祂在告訴我祂愛我，早已用特別的方式回應我的恐懼，並伴隨我，用祂的慈繩愛索一路牽引我，只是我在時間巨輪轉動下，這些畫面早已淡然縹渺了……。

　　煎熬最後的晚上，臨睡前梳洗後，已無力走回房間，拖著蹣跚步履，體力不支的趴摔於通道上，碰巧嫂嫂發現，驚嚇的扶我回房，我說：「沒事，放心……這幾年來唯恐手足擔心，我總想辦法深藏我的病況症狀……」，末後的一段不短的時間，真是所謂的「行屍走肉」……。

　　是夜，所有精神體能都耗損怠盡，精神恍惚，覺得太痛苦太難熬了，意識已模糊不清，想起身去拿桌上的小剪刀割腕，卻沒氣力起身，頹喪的等到天亮……接到台北麗蘭來信，要我趕快去參加中台神學院的一場布道會，信中的鼓勵話語，讓我長出精神體力。梳洗完就邀結拜姐妹素彩陪我去了……因為記憶庫裡跳出了年幼時與上帝的奇遇，我潛意識裡不致拒絕福音，因麗蘭再三說「**上帝無所不在，無所不能，無所不知**」，加上小時候上帝一路牽引的片段回顧，這些字眼頗能打動我的心呢……。

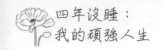
14.回應呼召頭痛立時得醫治……

　　傳教士傳講述耶穌十字架的救恩，重點是上帝創造人之初，人們是善良單純的，都可以直接與上帝溝通，自從伊甸園的墮落後……直到多年以後，人心思想的盡都是惡，就漸漸與上帝隔絕了，溝通不再了，然上帝早預言並預備了祂自己替我們受死，將會道成肉身，以救贖世人，祂將流寶血替我們贖罪，任何人通過他被釘的十字架，可以直接來到祂面前……之後呼召接受這救恩者舉手，我毫不考慮舉了手，就被叫到前面去，他們為接受的幾位決志者禱告後，我就回家了……。

　　素彩我的好姐妹，妳陪了我去，妳堅決不接受，後來一生事業發達，使我們相行漸遠，直到五年前妳帶著一顆「依然迷失」的心，卻也帶著奮鬥多年，花費頗鉅而罔效的癌症走了，妳先生說妳臨走前的一句話讓我心碎，妳說：真不相信人生這麼短暫……不是這樣啊！走筆當下跳出了久遠記憶……藉篇幅讓我回憶一下「**那些年……我們……**」……。

　　妳記得我們在畢業前，七個好姐妹結拜組成的「LC俱樂部」，你最「狂」喔，我們只是難捨同窗三年，即將分別心難過……藉「題」發揮，卻被有心人拿去警局炒作（後來才知細探是江仔剛認識的男生，真遜咖），每個姐妹都被白色警察召去作「簡報」，逼問口供；如今少了讓我心碎的妳與阿敏二咖，妳倆放我們鴿子啦……我們不是誇下豪語，「少了我們，世界將失去光彩」嗎？哈哈！有夠狂的年少

啊！阿彩，唯有妳敢對抗宣稱不加入黨要扣操行 3 分（加入者加 3 分）的顏導，並大力踢倒妳的書桌去撞顏導的講桌（妳是最佳座位乎？）課堂上策動全班同學罷免他，讓這位老先生緊張到大汗淋灕，結果大家沒按照劇本走，都沒舉手，顏導逃過一劫；後來妳大大埋怨大夥兒背叛妳。後來全班唯有妳夠膽沒加入黨，我是倒數第一勉強加了；這超精彩畫面可惜我仍是請假未臨場。妳也大膽跟顏導索還他為大夥兒報名救國團土風舞社團，然企圖不明，跟我們多拿的各張大頭照，因妳說曾偷看到他辦公室桌上書本夾了陌生女的 X 照「？」，又他老是在課堂上傳講怪力亂神，妳說怕他拿我們照片去亂「做法」，喔……有道理啊……阿彩，謝謝妳了。高三下學期有天，顏導在課堂上說：「我覺得你們這班讓我有點怕怕……」，然後聳聳肩作勢害怕樣讓子，我驚訝也暗笑，因我問過被顏導連續帶過的我表姊兩姊妹都說「顏導人很好啊」！哇！差太多了啦！我們是常被班上「特殊族群」（？）三、四人去告密的對抗體制，且總愛「搞怪」的「七人小組」，在在讓顏導頭痛，我們除了明的來，也常帶動大夥兒與顏導「暗地裡較勁」，因當時的時代「尊師重道」規範，不太敢名目張膽的造次……。

咱們唯能帶動全班在課堂上表現最有力道的「沉默無言的抗議」，讓顏導招架不住，難怪他「怕怕」（加上揮之不去差點被罷免的陰影），分析結果是顏導太幸運，過去他的學生們全班都是「乖乖牌」矣，顏導終於踢到鐵板了……。

阿彩，每逢愚人節，妳捉弄多位老師的「豐功偉業」，

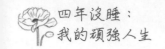

在在讓我們傻眼；妳因頭腦總忙著策劃你的事業，生活上常不自覺顯出傻大姐的心不在焉，吃自助餐竟漫不經心的去夾對面陌生帥哥的菜，後來兩人笑成一團，離譜行徑與糗事一籮筐，總是成為我們每次聚會的點心，讓好姐妹笑翻。多年後有天，妳告訴我妳在報上看到與 L 君同姓同名的人去世，一時好緊張，我乍聽之下靜默屏息，尚未回魂當下，妳說「妳這還不夠緊張，因妳看我輕鬆講述必定知我意，我當時才緊張的啦！我趕快看細字，原來是屬總統府高官啦」；妳的心切我好感動呢！知悉 L 君的唯二好姐妹是妳與阿敏……我都熬過來了啊……妳倆卻先走一步……若非走筆這見證，我早早忘了過去這些震撼歷史……我常省思，阿彩，是妳的「傻勁」，才能造就妳的事業王國，難怪我們都不如妳之「發跡」……然而妳雖才華橫溢，似乎可賺得半個世界，卻還是「轉頭空」啊……。

　　想來這些生活趣味點滴，也是抓住我沒有於高樓往下跳的其中一條細線……「**活著的狗強過死去的獅子**」（**傳道書九章 4 節**）；有著模糊的目標，有深愛的家人、朋友，這些留在身邊的人事物是我該珍惜的，也是讓我在忍受極端煎熬時，尚能眷戀這一片大之重要因素……。

　　我的精神意志已在四年多的折騰下解離喪失，實耗竭矣，**最後階段似乎感覺只剩一具軀殼在空間移動**……思覺失調加重了……這期間總從身體內裡總是有聲音提醒我：「你什麼都不行了，你完了，你不能做任何事了……」，長期這些奇怪的訊息與沒上大學的遺憾，足足讓我完全否定

了自己，直到自我被摧毀殆盡，覺得自（我）己完全不復存在，我眞是苦啊！直到信主一段時間，才知那是撒旦的工作，眞可惡。

決志信主當天，夜裡依樣寂靜，只是忘記我怎麼度過的；然而隔天清晨，是從睡中醒來，我竟然入睡了啊！我眞的入睡了啊！這幾年從未自睡夢中醒來……終於，多年「出走」的睡眠已然「返家」……起床後發現竟然沒感覺頭痛了，天啊！眞的不痛了！上帝醫治了我長達四年半不能入睡的頭痛……從此，從此就沒再痛過了……。

我只要求十字架的救恩，然而上帝給我的大過我所求所想……（以弗所書三章 20 節）

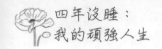
15.動人的淒美故事
——祂預備了精神層面的救贖

　　上帝也安排要救贖我被折磨得精神耗竭，思覺失調之精神層面，安排這環節的重生救贖，這是個早已遺忘的故事……民國六十三年元月的寒假裡，那位二年半前在戰鬥營認識的 L 君，剛考上知名大學第一學期過完，之前我推辭了他的來訪要求，因我都在與生死搏鬥。直到我頭痛得醫治後，有了幾天的睡眠，有了些精神，想起我的推託，我回信答應他回鄉順便可以來訪，事實上我沒信心與他交談，因只是沒了頭痛，我的精神是仍處在耗竭狀態，意志與理性喪失解離啊！回想當時我是與這世界「隔絕」的，沒了各種「感覺與感受」的，也就是「自我」似已蕩然無存，是不能與任何人互動的狀況，只因承襲母親的「隨時善待身邊的人」，再推辭說不過去，我是「硬著頭皮」，面對「值得款待的每個人」，想不到卻如聖經所說，竟然就「接待了天使」……。

　　這位 L 君真的不一樣，雖不足二十歲，卻一點不青澀，老成持重，沉穩內斂，言談中看得出滿腹詩書……我竟能聚精會神聽他侃侃而談。一天的交談，他給我諸多鼓勵，他不知我為何「悶悶不樂」……說道「現在最主要的是如何克服心浮氣躁……」（唉……）鼓勵我「笑開古今天下愁」。因聽他的沉穩言談，我驚訝發覺已破碎片片，幾乎蕩然無存的自

我與「感受」於焉出現，早已打亂並「破碎」不見的人生拼圖頓時拼了回來……又因他指給我他的一篇文章內容……「山風吹亂了窗紙上的松痕，吹不散我心頭上的人影」（胡適念曹佩聲），多美啊！到車站前，他說「送到這兒就好，送君千里，終須一別」……我心中更愣了……原來他把我「掛在心頭上」二年半……回家路上我感覺仿若被人從溺水掙扎中撈上來，我真實深深感受到上帝要他來告訴我「我是有價值的」，就是「甚至有那麼一個人讓妳知道，自己有多麼值得被愛，因此你更應該懂得愛護你自己……」（選）。

　　這十足受肯定與感受到的溫馨，真足以摧毀我那幾年來撒旦的控告，讓我重新肯定自己，讓自己重新活過來；「就在那一刻，我的生命不再失落，慢慢的走出『荒唐』的人生，漸漸的走出內心的『籬笆』」（選）。這美麗的回憶不會因時間而改變……L 君的鼓勵陪我渡過多年歲月，這環節是上帝不能親自來做，祂早安排二年半以前我與他的相遇，很奇妙，祂是獨行奇事的神……七天的營會七組數百人，我們卻排在同組，「任何人出現在這裡都不是偶然的，早在太初，神就揀選了我（任何人）」當時他頻找我交談……這一天相聚，雖然之後他就走出了我的人生。然而我雖一時沒「摔下」，被接住了，但是我的的狀況很不穩定，我深知這種症狀痊癒期太遙遠，我不願他心頭上的人影是如此不堪；十足明顯上帝的工作，我深知接續的是「唯一」休止符……只能寄張卡片，暗示他不能再相聚……真是「奇遇」，因他有美好前程需要走出去……「美好的留在心底，遺憾的

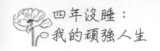
隨風飄去」，「不管會不會和那個人天長地久，眞正的愛是你希望那個人不管和誰在一起，都會過得很幸福」。幾年後他就負笈赴美留學，從此天涯兩相隔……「有個季節越過我的肩膀，浮懸在起伏的陵線上，滾動掉落……（選）」，「我接住了，並確知這只是瞬間，然而是我的永恆，也是上帝掌管的時空裡的永恆」……。

「驀然回首，你才發現和那個人已經漸『走』漸遠，彼此的『身影』就快要在『互相』的『回眸』中消失不見……」

「你有一些悵惘，一些傷感，一些懸念。但你也知道，人與人之間都是時效限定的姻緣，像風中飛絮偶爾相遇，像水中浮萍錯身而過，留不下也抓不住，不是你能左右，你只能看著浮萍遠飄，看著飛絮遠揚」

「你同時也明白，對這一切唯有釋然，只要在相處的時候曾經有過眞心的交流，其實就已足夠」（以上是「朵朵」她的至美敘述）

心酸與難免的失落同時深植靈魂……？然上帝已全然醫治……一切都在上帝命定中……。

雖然記憶刻畫在年少輕狂的歲月裡，然而我們總是要在很久很久以後的某天，才會明白原來暖在心裡的是曾經的美好與「熟悉」。（選）

這非偶然，去年這一重摔，也摔出神要我對祂的交賬，這筆賬包括了我必需回顧的這一次奇遇（與人物），交一本「陳年舊賬」……另外也是前述陶恕博士所言「聖靈有時會用一首詩歌或……但最終還是聖靈直接的在人的靈裡動

工……」。是前述的幾首詩歌帶入的情境，使儲存於海馬迴、早已忘卻的影像跳出……詩歌竟讓我飛越時空，去拜訪近半世的前塵往事……出現的情境歷歷在目，仿若參與了哈佛心理學教授艾倫·朗格（Ellen·J·Langer）1979 年的匹茲堡老修道院那場實驗，讓十六位年高七、八十老者重返二、三十年代情境……這 Visit 竟讓我似乎也年輕了一些，哈哈！雖然我這一生很少把年齡數字掛在心上，卻也似乎感覺心態、思維各方面也然「暫時」年輕了些……。

之後，「停格」了些時……想想周遭能有幾多人能有這寶貴經驗……還是無限感恩……。

「＠感謝你和他的相遇。

茫茫人海中竟然遇見了彼此，同行了一段，

這是多麼珍貴的恩寵，多麼難得的幸運。

感謝你和他的別離。

此後踽踽獨行的小路上，

愛的回憶將是你手中的提燈，把前方的路一一照亮……。

＠所有的偶然與巧合都是上天手中的棋局；注定發生的故事，早就寫在上天的劇本裡……。

＠當分手來臨的時候，那是因為他在你生命的階段性任務已經告一段落，現在是你要展開另一段旅程的時候，所以他非走不可」（以上是朵朵的美詩）。

因祂要他「回家」，雖頗費神尋覓，卻讓我找著了，唉！

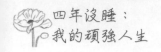
原來他已「離家」頗遠了……。聯繫了 e，除了把福音帶給他，也因為要讓他知道「若沒找到你，你永遠不能了解自己在別人生命中有什麼意義……」（朵朵）……「遺憾的故事大都永不再見的」……故事主角是永遠存於我靈魂深處的「夢幻騎士」……。

有些事你把它收藏在心底更好，等時間久了，也就變成了故事，是至美的故事……。

今日拜讀「自時」文藝版之一首攝影詩人曾進發的「窗簾」一詩，短短九行裡竟有一行映入我眼簾，也震盪我心……「X 戀沒有完成，愛情才能算是完整」……請問詩人，這是如何解讀？……當我心生這一問的時候……再深思……竟也有所意會了……也啞然失笑了……哈哈！……各位……您了解了嗎？

若您熟悉參透人性的莎士比亞對人性的了解之論述，您就懂了……。

「失落者最美，長存者無奇」……。（選）

……有說「遺憾常是最好的結局」……有意思……。

……餘生中，唇邊也會浮現此生無悔的苦笑吧！……這是誰的美詩？……

前述：「人的心靈得到鼓舞，就會懷著希望繼續飛翔」（選）

這也是「青春不留白」的其中一幅彩畫乎……。

上帝讓一個人走入你的人生，然後又讓其離開了，那是上帝最美好的安排。上帝安排某人或滯留，或為過客陪你一

段時間，自有祂的美意。上帝比我們自己更清楚接下來我們需要什麼，祂早預備了……就如十二歲就讓我認識同年紀遠在台北就讀的麗蘭，後來高中她信了主，再來引導我在生死關頭聽到福音，決志信主，頭痛得醫治……。

　　「任何愛與友誼都不可能船過水無痕地穿越我們的生命軌跡」（弗朗索瓦・莫里亞科 Francois Mauriac）

　　我們有時也可以把記憶中美妙的事拿來攪勻，以鼓勵自己，你可以從中獲得新的恩典供你今天使用。回想上帝給的祝福，讓恩典的亮光照亮你的路。你從別人所領受的恩情，你從上帝的話所得到的新力量—都把它攪勻，讓它們發揮功能來幫助我們。（選）

　　「我明明註定難逃一死，可是我卻奇蹟的逃離厄運，現在還安然無恙」……（卡爾・巴特），雖遇『劫難』，卻劫後餘生……。

　　人生在世必遇患難，如同火星飛騰。（約伯記五章7節）

　　祂打破又纏裡，祂擊傷又用手醫治。（約伯記五5章18節）

　　盼望我能如《聖經》所說『我們不喪膽，外體雖然毀壞，內心卻一天勝過一天』。（哥林多後書四章16節）……現在活著的不再是我，乃是基督在我裡面活著……。（加拉太書二章20節）

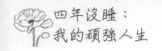

「哀痛與跳舞相遇之處，就能看見生命的美麗」（盧雲）

我形容上帝與 L 君是接住如馬戲團空中飛人的我，其必要的兩隻手；盧雲形容這是諸多人的一生會有的艱難經歷，就是我們現今的自殺個案，也是國家社會整體支援系統層層漏接之故，沒人接到就「摔死」了啊……這兩隻手即時接住了我，是我在上帝裡的「重生」。基督徒若重生那一刻，相隔年日太久，若再回憶，應該永遠都記得那是「記憶深深不忘懷的」，因都是「靈魂大震撼」，真實是「被上帝找到了」……只是每人狀況皆不同；我的狀況也在已遺忘多年後，卻被上帝攪動而出，我明白為了催逼我的見證篇……。

之後我生命更新，深深覺得上帝是多麼愛我，之前的懼死歲月裡，祂就用盡方法，在我身邊隨時表明祂對我的愛，之後也隨時眷顧，祂是不打盹的神（詩篇一百二十一篇 4 節），救贖分秒不差來到……之後，我對我的人生所有境遇，已再沒有所謂的「為什麼」……。

「我所知道的最令人鼓舞的一項事實是，人能以一種自覺的努力，提升其生命無可置疑的能力，智者之特質在於不為絕望之事」（梭羅《湖濱散記》）

有人說：「能面對每天的生活，勇敢活下去，你就是英雄」。

　「然而找到主，你才能『擔子是輕省的，軛是容易的』」
（馬太福音十一章 30 節）。

　多年後精神狀況已走出了泰半，每天需努力掙扎，讓自己「修正並調整」，每天都比昨天進步。雖精神狀況時有所起伏，然靠著上帝恩典，也就一步一步漸漸爬出了那精神耗竭，思覺失調的鴻溝……。

　決志信主當下，中台神學院的同工吳月雲傳道跟進，介紹我在李崇義牧師主理的豐原聖教會聚會，開始了我的信仰生活至今。我興趣的唸了二百多個學分至神學院道學研究所，也釋懷了沒唸大學的遺憾，更能領會人的受造的價值，與上帝創造萬物的奧祕之可畏，與祂無條件的愛，更配得我臣服祂的權下。

　前述：「你們自從生下就蒙我保抱，自從出胎，就蒙我懷揣，直到你們年老，我仍這樣，直到髮白，我仍懷揣，我已造作，也必保抱，我必懷抱，也必拯救……」（賽雅書四十六章 3-4 節），「要變成積極樂觀的思考者，無論事情看起來或實際上有多麼黯淡，都要提高視野，看到其中的種種可能性，它一直都存在……在逆境中要保持鬥志，因為最好的結果往往來自困境之中」（諾曼・文生・皮爾博士）

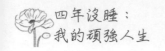
16.不再懼怕死亡

「如今，我確定我已不再懼怕死亡一事」

甚至隨時可輕鬆談論死亡課題；有多大的恩典，我們竟然可以向死誇勝？

「兒女既同有血肉之體，祂也照樣親自成了血肉之體，特要藉著死，敗壞那掌死權的，就是魔鬼。並要釋放那些一生因怕死而為奴僕的人」（希伯來書二章 14-15 節）。我信主之前就是「每時刻都怕死」啊！

「死啊！你的得勝的權勢在哪裡？死啊！你的毒鉤在哪裡？」（哥林多前書十五章 55 節）

「祂必永遠吞滅死亡，至高主宰耶和華要擦去所有人臉上的眼淚」（以賽亞書二十五張 8 節）

「連死亡這最後的仇敵也要被消滅」（哥林多前書十五章 26 節）

「不再有死亡，也不再有哀慟，呼喊，痛苦」（啟示錄二十一章 4 節）

基督徒的生活以信心始，在生與死之間憑信心安渡一生。（選）

「我活得越久，就越相信上帝是世界萬物的主宰這件事」（班傑明·富蘭克林）

「當我用心思考人生諸多事務，就不能不聯結與思想到造物者上帝之可畏」

「科學若無宗教是跛腳，宗教若無科學是盲目（愛恩斯坦）」

《聖經》記載：「我們都如羊走迷，個人偏行己路。」（以賽亞書五十三章 6 節），這是《聖經》對人的本位批判，人已經捨棄了原有的身分、方向和本位，因此，二十世紀的文化，無論是文學、哲學、音樂、藝術、雕刻或塑像，都表現出人在尋找自己真正的本位（唐崇榮牧師）。

首先，我摘錄聖經傳道書一段普世眾人的深沉感慨：

「我恨惡一切的勞碌，就是在我日光之下的勞碌，因我得來的必留給我以後的人。那人是智慧是愚昧，誰能知道？他竟要管理我勞碌所得的，就是我在日光之下用智慧所得的。這也是虛空。故此，我轉想我在日光之下所勞碌的一切工作，心便絕望。因為有人用智慧、知識、靈巧所勞碌得來的，卻要留給未曾勞碌的人為分。這也是虛空，也是大患。人在日光之下勞碌累心，在他一切的勞碌上得著什麼呢？因為他日日憂慮。這也是虛空」（傳道書第二章 18-23 節）

若只在今生有盼望，是否我們都會如此感慨……。

就如前述唐崇榮牧師感嘆：雖然哲學家、理論家已竭盡所能，要了解人是什麼，要了解人在宇宙中的本位為何，但是，當他們走完人生最後一程，來到生命的終點時，他們卻兩手一撒說：「我自己也不知道這是怎麼一回事……」

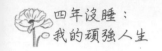
17.暢銷書《一路笑到掛的生死哲學課》……

（蘇格拉底、柏拉圖、亞里斯多德、叔本華、齊克果、尼采、卡繆的生死論）

摘錄精彩片段，與我的感悟，讓讀者分享並深思……（城邦文化公司已於 2021 年 8 月書面協議承諾本人無限期部分轉載此書之版權申請）

此暢銷書引導讀者暫時拋開俗事，從靈魂深處去思考死亡這嚴肅課題，把內心洗滌一番，不再駱駝心態，總是對死亡一事一路逃避到底，值得閱讀並深思之。

「哈佛哲學家用幽默方式剖析關乎生與死之迷思」

是兩位哈佛哲學系高材生，看來應該是基督徒的湯馬司・凱瑟卡（Thomas Cathcart）與丹尼爾・克萊恩（Daniel Klein）共同創作完成，他們有著豐富的學識，技巧地把歷史上遠代近代的哲學家文學家們，曾經對人生意義，與其連結之死亡與來生的共同迷失與見解，做一番總整理與比較，用幽默故事帶入，也不知不覺把較『中肯』的生死觀點參入其中，真是貼切；人物包括蘇格拉底・柏拉圖・亞里斯多德・笛卡兒，康德・叔本華・齊克果・馬克思・尼采・海德格・沙特・卡繆・伍迪艾倫……全部上場，精彩絕倫，這些名人至多是信奉上帝或基督徒，對死亡的見解也相同的輕鬆，樂觀，並且較坦然與無懼，皆以聖經為依歸；其他對上帝充滿『迷思』者，多是由衷發出對生死仍無解與無奈之感嘆……

　　二十世紀的文化人類學者恩斯特·貝克爾（Ernest Becker）在他的巨作《拒斥死亡》（The Denial of Death）中寫道：雖然客觀上我們知道人終必一死，但我們還是會想出各種伎倆來逃避這個能摧毀一切的真理（貝克爾的著作得了普立茲獎，但他在領獎前的兩個月就過世了，走得最不是時候的應該就屬他了）（P19）。貝克爾認為，不論是心理學還是「宗教組織」，都無法幫助你逃避「人生沒有任何意義，然後你就死了」的事實，他認為這兩者都無法解除人類面對死亡時所生的恐懼，也沒辦法緩解另一個焦慮—對有限之生命所產生的恐懼，更不能滿足人類對永生的渴望。這些恐懼是與生俱來的一部分，不管我們喜歡不喜歡都無法避免。更糟的論點是：人類只是要被課「死亡稅」的造物（P37）。

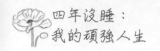
18.「美國人不怕死就怕生病」……
把上帝推出去

　　貝克爾對死亡奧祕之不解而迷思與茫然啊！芸芸眾生皆如是啊！這讓我想起美國人終其一生都能認命的兩件事：「死亡與稅負（重稅）」而死亡在中下階層美國人看來嚴重性小於重病，因付不起巨額醫療費；大致上美國人是「一神論」，大都認為自己死後應該可上天堂……唉！他們遺忘了打從以「進化論」「擋住」上帝「無所不在的監視」之外，接下來超過五十年的強度「自我主義」，更從 1976 年就漸漸把「上帝」二字推出中學……禁止在校禱告……漸漸推出公立機關，也曾幾乎被「推出」法院，更立法禁止公共場所傳福音，甚至數件有在校傳福音被提告的事件，忘了當初美鈔背面印上「我相信上帝」（In God We Trust）之初心是如何虔誠……能否上天堂也非自己說了算啊……。

　　美國開國元勛湯瑪斯・傑佛遜曾說：「當我想到天父的賞善罰惡，我為我的國家顫慄，真的，用心看待這些事，都不能不為此戰慄……。」

　　了解這條通往永生的路，就需要回溯到比佛洛伊德和榮格還要更早的哲學觀念，看看十九世紀中葉的丹麥哲學家、神學家，也是存在主意的齊克果怎麼說。

　　貝克爾還有他的啟蒙導師齊克果一致認為，跳過死亡是沒辦法通往永生的。如果我們逃避死亡，不去經歷「永遠

的空無」，如果我們不願意活在「不再存在」的可怕陰影之下，我們就會錯失可以超越死亡的唯一機會。齊克果認為，這是因為死亡之恐懼是人類的終極導師。當你認真思考生命很短暫，死亡在即的真理時，你的身體會直打哆嗦，你的臉上會爬滿淚水（P38、39）

「人類真正要面對的問題，其實是在死亡深淵邊緣活出有意義的人生」（P41）。

「死亡是通往更美境界的前哨」（選）。

甘地（Mah-atma Gandhi）曾說：「像明天就會死去一般活著，向你會永遠活著一般學習。」（P76）。海德格對死亡哲學的最大貢獻是：他要我們正面迎擊死亡，因為唯有如此，我們才能過一個真實的人生，誠實地活著，並且明白生命的真正意義。若不能意識到死，我們充其量只能算是半活著。如果能接受死亡是生命的一部分，清楚認識並坦然面對死亡，我們就可以不被對死亡的恐懼，以及生活中的瑣事所禁錮——只有在這個前提之下，我才能自由自在的做自己。但是多數人都壓抑著這種死亡意識，盡量不去想。我們都活在對死亡的逃避之中，海德爾認為這樣不是真正的活著。「唯有清楚知道即將來到的終結，人類才能真正了解生命」（P68、70）。

此番對生死迷失與掙扎，也是我從六、七歲就開始思考

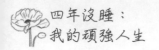
四年沒睡：
我的頑強人生

的可怕問題：「我一定會死，然後被埋在土堆裡，爾後永遠不存在」，有多恐怖啊⋯⋯（從小每天「想」死，怕死，直到二十一歲信主⋯⋯）

「親愛的，你思考過這問題嗎」你曾為你生命終極的去處思考過嗎？

齊克果曾經的生命掙扎過程感悟：人生最苦在於求生不得，求死不能⋯⋯這是當下不認識主的人，其人生真實寫照⋯⋯。

78 /

19.「認命」就可以好好活下去？
找上帝要答案……

　　叔本華立論似乎無靈魂觀念，在著作中下了一段很狂的結論：「想想生命中所有心碎的時刻，便會感覺不如乾脆不要活著」！是啊，沒永生的盼望，「一出生就走向確定的幻滅，不再存在……」，這也是我當時的迷思與恐懼啊……何苦來哉走這一遭？問題是我不能決定「我不想生為人」啊！我是「偶然」來的啊！也就是被迫生為人啊！2019 年11 月 5 日自由副刊鍾文音女士提到一則稀奇新聞，是關乎「控告父母將他生出來沒經過他的同意……」。他也真實感受到「每個人都在苦戰」乎？王邦雄教授在他著作《莊子篇》的〈大宗師〉篇中，子桑問父母：「為何生下我，讓我受苦」？王教授的結論是「生命是沒有理由的理由，沒有有原因的原因，沒有答案的答案，不可能有合理的，這就是最後的答案，不能再問下去了，不可能有合理的解釋，若不合理，就活不下去了」；王教授在說我嗎？哈！**我認為不合理啊！所以我就是活不下去啊**……他還說「這不是命嗎？這樣想你就活得下去了」……真的嗎？才怪！**我就是沒辦法「認命」啊**！其實這真有意思……。

　　前述李建儒教授所言：「推遲探索死亡，是對自己生命的不負責任」。

　　人的「第一次」出生也是一種奧祕，誰能通曉呢？天下

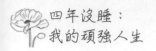
之大，眞是沒有一個人能清楚知道出生的奧祕，無論他是肉體（自然）或是靈命（超自然）的誕生；很顯然的我們第一次的出生失敗了，我們才需要第二次的重生。因爲我們的肉身生在罪惡、迷失、及絕望中，我們第二次的出生是由上帝而生，成爲永生的後嗣。你必須接受第二次的出生（重生），就像你接受第一次出生的事實一樣。（選）

今知原來有上帝可「質問」，太好了，答案在上帝那兒啊！若上帝沒有爲我們訂下計劃，我們就不會存在……。

本書作者認爲叔本華立論是世界並非由至高的上帝在主宰。認爲叔本華搞不好根本是個比較怪了點的樂觀主義者（？），作者認爲他較接近佛教的思維；然而，他卻曾說過「我從來就不是個無神論者」……？？？其實他對人的本質所下定義超「脫俗」的。

20.叔本華的智慧

　　「一個人要麼孤獨，要麼庸俗」。「沒有相當程度的孤獨，是不可能有內心的平和」。然或因對來生的迷惑，使他的人生後期飽受憂鬱所苦，難怪他會說：「人生如鐘擺，在痛苦與倦怠之間擺盪」。沒有神的生命顯然迷失與無奈啊！然而他最美的這句：「**一個精神世界豐富的人，就連在獨處時，都能在自己的思想和想像中自得其樂，換句話說，一個人內在擁有的東西，是決定他幸福與否的關鍵**」。後人感嘆：如此燦爛的句子，竟出自這位被後世定位為悲觀主義的哲人口中，這位憂鬱王子，他的人生也是「悲喜交織」啊⋯⋯。

　　感悟：真是夠美的論述。我確知死亡是人的「轉換時空」之霎那，是通往至美之地的關口。唯有接納生命有限的事實，就能接觸到隱藏其中的永生；只有正視生命的短暫，才能接觸到超越死亡的生命。（選）

死亡與愛是帶著人類飛向天堂的翅膀（麥可安吉羅）

　　記得沙士比亞說過：上帝把死亡的快樂隱瞞世人，好讓世人可以耐心過活；然而我認為這「快樂」的先決條件是要認識上帝，才能知道「死」是什麼？其實是喜事一樁啊！是通往至美世界的一扇門。也記得紀伯倫也說「當大地要回收你的肢體時，你才能盡情的舞蹈」，那是因為知道終於可以息了勞苦，「回家」享福。

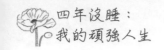
他們若想念自己離開的家鄉，還有可回去的機會，他們卻羨慕一個更美的家鄉，就是在天上的。所以神被稱為他們的神，並不以為恥，因為祂已經給他們預備了一座城。（希伯來書十一章 15-16 節）

按著命定，人人都有一死，死後且有審判。（希伯來書九章 27 節）

「要專注那個奇異的新世界」。（卡爾‧巴特）

其實，那也是我們每個人靈魂深處所企盼的美好來生，只是人們總是被生活擄去了大部分的靈魂，而忘卻了追尋，或找不到正確門路。

「眾多人不理解與體悟『死亡不是終極之路，而是終極的覺醒』」（選）。神學家盧雲謂：屬靈生命——就是與復活主相交的生命——更進深，就會漸漸有那種渴望，穿過死亡之門，與基督進入永生。這不是求死，是渴望所有的渴望得到滿足。保羅就切切體驗到那種渴望：「因我活著就是基督，我死了就有益處……我正在兩難之間：情願離世與基督同在，因為是好的無比的」（腓立比書一章 21-24 節）。

感悟：此話當真啊！明確知道我將來會往何處去，我才能決定當下如何過活啊！孔子所說：「未知生，焉知死？」誠如李建儒教授說：「如果連生命的奧祕都不瞭解，去探索生命結束後的死亡境界，是不切實際的。」一如孟子說「盡

其心者，知其性也；知其性，則知天矣。」李教授又說：「唯有在此世活出人的天命，成為仁人君子，以行善完成人性，能對生命交代，才能面對死亡。」

　　人生必須要有一些堅持，對糾正錯誤的堅持，對追求完美的堅持，對人生負責的堅持，這些是成就人生的重要方式（選）。

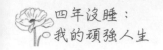

21.未知死焉知生

　　李建儒教授在魏連嶽博士的《死亡神學》「推薦序」的片段：然「未知死，焉知生？」，也需要知道我死了將往哪裡去，我才能好好地過活啊！死亡並不是我們生命中的某一件事而已，死亡正式「那一件事」！死既是與生共存，且是生之終，生中必有死，死卻吞噬生，生一直受死之威脅而不復為生，如果我們不瞭解死亡，事實上也不瞭解什麼是生命，以及生命的意義。不凝視死亡、探索死亡，其實是對不起生命，甚至是在逃避生命。**凝視死亡，是因為太珍重生命，不願壓抑生命、欲克勝死亡、達成永恆的深切渴望。**若向來不為死亡預備，不是無畏，而是無知。即便人選擇自盡，那如同生命豐盛筵席吃到一半突然起身不吃了，好像生命的主權掌握在自己手中，將死亡的時間提早，自己選擇離開世界的時間，但這只是更加肯定死亡的權勢提早臨到，吞噬生命。（李建儒教授）

　　自殺更深沉的痛乃在於放棄盼望，對死亡提早繳械，任死亡奏其凱歌（選）。
　　凝視死亡，反倒使我們不再對生命心不在焉，促使我們全神貫注於生命（選）。

　　死既在生之中臨到，顯然的，探索死亡本身無法純由活人這端，吾人實在必須要在人的有限與生死限制之外、超越

的「天啓」，來探索死亡本身及死亡所牽涉當今生命之種種。基督信仰向來非常嚴肅地凝視死亡，因為我們頌讚賜生命氣息的主上帝，盡情擁抱、謳歌生命，更因基督耶穌的死與復活，享受祂所賜的「永生」，對死亡唱永遠得勝的凱歌，等候「死亡滅亡」的時刻。死亡雖可以限制我們的生命，摧毀我們的夢想。但絕不能夠定義我們的生命，永活的上帝賜給我們的是勝過死亡的真盼望；死亡使得基督徒告別今世的流浪，回歸更美的故鄉，親睹上帝的容顏，被上帝無際的榮耀充滿環繞。在上帝的國度裡，沒有死亡這回事了，再沒有死亡吞噬上帝所創造的生命這種事。死亡終將滅亡。（以上轉載自李建儒教授推薦序精闢片段至此）

　　再感悟：記得美國當年暢銷書第一名的《心靈雞湯》一大系列（傑克·坎菲爾與馬克·韓森共同推出）其中一本《愛與勇氣的故事》（？），其內容為數十位在人生中或後期發現癌症，然得病前後因信靠上帝，然而因明確知道他（她）未來會去哪裡，在醫治與煎熬裡卻皆同感慨「**感謝上帝給這病症，因我得病這幾年（至多位只能度過抗癌的約二年時光，即走完人生），比之前的大段人生超過太多的意義了**」，因為他們都把剩下的有限年日發揮最大「果效」的最崇高價值。人生的價值真實不在生命的長短，而是寬廣與「質地」如何。

　　生死現象共存卻又不對等，生死緊密交集又無法真正會遇、無法辯證。死一現身，生不復返。（魏連嶽博士）

　　這幾年我身旁二位友好的信主姐妹前後罹癌，竟然很

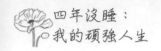
輕鬆的說「真高興可以快點（回家）」……人生在世，各有不同程度的「不容易」……。

「奇蹟哥」艾瑞克曰：「總要等到失去了某些東西，接下來才能活得完整」……

人生有時就像塊蔗渣板，不堅固，卻實用，不斷死撐，反正撐到歸西就上天家……（選）

死亡不是醫學上的失敗，而是生命的最後一章。（派屈・亞當斯醫學博士）

◎恩師雅各牧師說震盪我靈魂的一句話：「若我們都不必死去，那我們的『歷代祖先們』，經戰亂、車禍的、中風、重病的，卻都還活著，全部『齊聚一堂』在我們大廳裡，頭震軀顫，手抖腳擺，想想這是什麼畫面啊……」，故前述：「死亡是上帝給世人的一大禮物」……。

生命是一篇小說，不在長，而在好。（辛尼加）生命如演說，與長短無關，重要的是你放進生命裡的內容。（諺）

「世界乃是一個舞台，世人都是演員，他們有他們的入場時間，也有他們出場的時間」。（莎士比亞）

「死亡就跟出生一樣，是進入新生命的門路」（盧雲）

感悟：「我認為大部分的人不會認同伊比鳩魯的看法：死亡沒什麼大不了的，死亡之於我們不算什麼，因為『我們

存在時，死亡尙未來到，死亡來臨時，我們早就不存在了』」……「我覺得最難的就在中間這段人生必須思考面對來生將如何，才足以支持我能好好活下去啊！他太迴避問題了，不！他是無奈的幽默啦」……「伊比鳩派」認爲神是「制定幾何定理或諸元素排列秩序的一位神……。」

生命在於「質」，而非生命的「量」。

耶穌來是要拔除死亡的毒鉤，教我們漸漸體會到不必懼怕死亡，死亡帶我們進入一切渴望滿足的地方（盧雲）。

感悟：只要找到生命的源頭，讓我們全人與造物主連結，自然明白上帝眼中的我們如何寶貝，因他的引領，則人生路上必定充滿驚奇，並且可以把它活成你想要的方式，雖過程可能迂迴曲折，然必定會峰迴路轉，絢麗精彩，或如前述之氣勢磅礡，盪氣迴腸，都不是問題……我們的一生將可以是一則極致的美麗篇章。

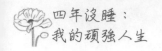
22.證明了靈魂不滅——蘇格拉底柏拉圖

靈魂教父柏拉圖說：「我們是山頂洞人嗎？死亡不是結束，是開始！沒聽過靈魂不朽論嗎？」把靈魂概念統整起來的是柏拉圖。柏拉圖說靈魂分成三部分：理性（Reason）、意志（Spirit 或 Will 又譯為氣概）和慾望（Desire，又譯為情慾）。（P112、113）

「如果靈魂就是心思，心思就是大腦，那麼永生就不可能了」（P124）。因為基於這思維，人死了，靈魂就也「死了」啊！靈魂是超越心思的。柏拉圖在許多篇對話錄中「證明」了靈魂不朽，而其中最著名的論證收錄於（美諾篇）（Meno）。蘇格拉底在文中證明，靈魂在一個人出生之前就已經存在了（P138）。（上帝賦予每個人一個獨一無二的靈魂）

感悟：我認為這可回答「永生的大哉問」，這是符合聖論述

起初，神造萬物，各按其時成為美好，又將永生安置在世人心裡，然而神從始至終的作為，人不能參透。（傳道書三章 11 節）。

祂又叫我們與基督耶穌一同復活，一同坐在天上。（以弗所書二章 6 節）

23.「希望長著羽毛，棲息在靈魂上」
——艾蜜莉・狄更生

　　有一位哲學家的觀念非常突出，他是一百年前的美國哲學家威廉・詹姆斯，他提出的一些觀點簡直是一語道破生死。舉例來說，他說哲學家在選擇要相信何種生死觀的時候，和你我並無兩樣，人類在回答生死觀的時候靠的通常是直覺，詹姆斯說這是人類「對生命最赤裸，最深層的意義的愚蠢直覺」，他雖用愚蠢一詞，卻不帶貶義。不管你是大哲學家或只是一般老百姓，在思考一切意義的時候通常都仰賴「直覺」。詹姆斯說我們每個人都用自己的方法來「察覺，感受整體宇宙推壓的力量」（276）。

　　感悟：這就是為何與我身邊的親友聊到生命與生死問題時，當被我提問到「……你怕死嗎」？至多回答「越老越麻痺」，意思是別人不都「就這樣走了」啊……沒人「喊冤」啊……唉！因為都**被環境暗示了**……就是所謂的「閱讀空氣」……天啊！我從來對「死」這問題卻從沒「麻痺」過啊……。

　　所謂的「空氣」就是指現狀，而且是自身周遭的狹隘現狀。

　　還有最後一個故事。從前有個美國人叫桑頓・懷爾德，他是名劇作家，在他的作品「吾鎮」中的第三幕，年輕的女主角艾蜜莉因產難而死，死後她得到了重活生前某一日的

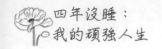
機會。艾蜜莉選擇了她十二歲生日那天。一開始，艾蜜莉很開心可以重新經歷這一天，但過不了多久她就發現了韶光易逝，也想起自己在世時總是蹉跎光陰，她呼喊著：「我們連好好看看身邊的人的時間都沒有。」這一天結束之後，她轉身問負責安排的人：「難道人在活著的時候，都不曾意識到生命的寶貴嗎？」負責人說：只有聖徒和詩人偶爾會意識到』（278）。

24.來不及擁抱清晨，就已要握手黃昏……

我深深感嘆，是上帝在我裡面置放了什麼樣的靈魂，以致我小小年紀，六、七歲就得開始日夜深度思考這重要的人生課題「生與死」……信主前我的人生歲月裡，已充滿深刻的質疑：「這樣一個至善至美功能的一個人，怎可能死了就灰飛煙滅？應該裡頭有著另外（特別的東西）存在才對啊」……上帝讓我在生死煎熬中回想起童年祂早已因慈憐而啟示我的「靈魂不滅」那一幕情境……走筆至此我又淚滿襟了……。

我有時思想到我身邊親友等等，無疑至多是將來上不了天堂……我心中就難過到不能自已，也潸然淚下……依照聖經的清楚論述，沒上天堂會如何呢？我深知其「景況之難以承受」……唉……這也是至多牧師為難之處，因不太願意傳達這真相信息啊！真實講述真的會「傷人」的……。

泰戈爾說：「大地的幻想之花，是由死亡來永保鮮艷的』。也許正是生命的不可恆久性，人生才充滿了神祕的力量，美的震撼與難以割捨的依戀」（選）。

歲月極美，在於必然流逝，每一個經歷都是珍貴，人生百味都是領悟……且行且珍惜……（選）

我們不過從昨日才有，一無所知，我們在世的日子好像影兒（約伯記八章9節）。

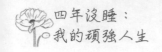
我的日子比梭更快，都消耗在無指望之中（約伯記七章
6節）。

你叫他們如水沖去，他們如睡一覺（詩篇九十篇5b）。

祂想到他們不過是血氣，是一陣去而不返的風（詩篇七
十八篇39節）。

耶和華啊，求你叫我曉得我生之終，我的壽數如何？教
我知道我的生命不長！你使我的年日窄如手掌，我一生的
年日在你面前如同無有。（詩篇三十九章4-5節）

「其實明天如何，你們還不知道。你們的生命是什麼
呢？你們原來是一片雲霧，出現少時就不見了」（雅各書四
章14節）。

人的生命本是脆弱的，何時要發生意外或變故，不是人
所能掌控的。

我們度過的年日，好像一聲嘆息（篇九十章9b）。

在轉眼之間，在半夜之中，他們就死亡（約伯記三十四
章20a）。

萬物皆是神的賜予創造，人的渺小如芥菜種子之微於
茫茫大海中，在在隙光流逝中穿越，在光陰彈指中，人只是
短暫的過客（選）。

我們還未來得及享受得之不易的豐富，韶華就已遠
離……而死亡，就躲在歲月的暗影裡，從另個角度向我們昭
示著生命的可貴。我們的道路並非是一段漫長的旅程，最積

極的態度就是把活著的每一天當作最後一天（選）。

求你指教我們怎樣數算自己的日子，好叫我們得著智慧的心（詩篇九十章 12 節）。

既然救世主已經消除了死亡，死亡再也不能對基督徒構成任何威脅，因為主讓我們知道「死蔭的幽谷」是通往永恆生命的途徑。

死亡霎那，即進入主懷，亦稱為「中介之樂」（選）。

有說：死對我們不會構成威脅，死只是基督放在我們昨日與明日之間的一個接合點。

基督徒以滿有自信和希望的態度面對死亡。因主耶穌已拔除了死亡的毒刺（歌林多前書十五章 55 節）。既然救主已經消除了死亡，死亡再也不能對基督徒構成任何的威脅，因為主知道「死蔭的幽谷」是通往永恆生命的途徑（選）。

前述所謂『生寄死歸』，詮釋了上帝子民真實的人生。

我們在地上道晚安，卻要在天上說早安（Lizrie De Armond）。

邱吉爾首相生前安排自己告別式先奏一首軍中的「休息號⋯⋯」之後又奏了「起床號」⋯⋯是他幽默表達了他對地的一生，與欣然迎接未來天國的喜樂⋯⋯。

死亡雖是痛苦的割捨，然而，我們不要懼怕死亡，彼岸並沒有殘忍的首領，報復的仇敵或暴君等著我們，而是一位慈愛，赦免的神，熱切迎接我們回（盧雲）。

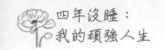
　　原來上帝把永恆的意念放在世人心中，單是物質富裕，不能使人滿足，親愛的，你渴望永生嗎（選）？

　　只對今生預備，卻對永生毫無關心的人，是聰明一時，糊塗永世的傻瓜。（上帝的小叮嚀）

　　四季依時出現，不斷喚醒人們注意天父的永恆，而祂早已放在人心裡的永生，使我們對太陽之下的一切總不滿足，一直追求只有基督才能賜給的那個永遠的生命。不問人置身地球上何處，這個冀望像呼吸空氣一樣總在那裡（選）。

　　「軀殼之消失，往往穿越時空，復燃起另一個他人的激情忘我」

　　「生與死猶如晨曦與落日；日月晴雨，暑寒交替，見證著『生』與『死』，是宇宙的恆常，終而復始」（019／12／16 自時，松樹之死，華陶窯）。

　　盧雲說：接納生命有限的現實，就能接觸到隱藏其中的永生。只有正視生命的短暫，才能接觸到超越死亡的生命。藉著我們不完美的生命，可以看見神在耶穌裡（亦藉著耶穌）所應許完全的生命。

　　獨處、靜默、禱告，是認識自己的最好方法，能帶領我們到蘊藏於生命中的莊嚴處，亦即神的居處（盧雲）。

　　有人說死亡是世界上最民主的制度，意思是死亡臨到每一個人，不論是貧富、貴賤、男女、老幼。有首流行曲歌詞是「總有一天等到你」，有人戲言這是死亡招手發出的呼聲。死亡是嚴肅的事，不宜說笑，不過這句話也有道理，人

死被形容是與世長辭、仙逝、大去之期，減少了對死亡的恐懼與不安（選）。

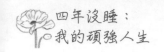

25.『安然並心存感恩離世』盧雲論述如下：

害怕死亡的過程並不可恥，是人之常情。耶穌也落入這種恐懼。在痛苦中，他「汗珠如大血點，滴在地上」（路加福音二十二章44節）。我們要如何面對死亡過程的懼怕呢？要像耶穌一樣，祈求神給我們格外的力量，走完通往新生的旅程。我們也相信，神如何差派天使安慰耶穌，也會派天使安慰我們。我們常會想，死亡如何輪到自己？是藉著疾病、意外、戰爭或是天災？是突然或是漸漸臨到？這都是沒有答案的問題，實在不需要浪費時間去想。不知道生命何時終結，這是福氣啊！不過有一個重要的問題要思索：當死亡來臨，我們的態度是否會讓身後的人哀慟欲絕，或充滿了罪疚愧悔？此端賴我們如何預備好自己去面對死亡。**我們若能夠心存感恩離世，感謝神並且感謝家人、友人，死亡就能成為他人的生命源頭。**

（續）我們如何使自己的死亡成為別人的恩福？人的生命常因親友的亡故而受到永不消泯的傷痕、摧殘。我們要盡其所能避免這一點。當我們瀕臨死亡之際，對親人說什麼「或寫什麼」，非常重要。若我們向他們表達感恩之情，請他們原諒我們的缺點，我們也原諒他們的缺點，又告訴他們，我們很希望他們能毫不自責的活下去，只回想我們我們生命中所經歷的恩典。如此，我們的死亡就能成為別人的恩福。生命結束時，盼望與信心也將告終結，但是愛卻常存。愛是永恆的。愛來自神，也歸於神，我們死後，除了愛，生

命中的一切都無法存留。我們活出的愛就是神的生命，是屬天、不可泯沒的生命真髓。這愛不僅長存，也會世世代代開花結果。

當我們瀕臨死亡，我們要對在世的人說：「不要憂愁，神的愛在我心裡，這愛也會鄰近你，安慰你。」（盧雲）

神所賜的死亡不能摧毀我們的生命。

有時我們到了「該走」的時候，還眷戀生命不放，是因為有些未了的事嗎？是因為還不能夠說：「我饒恕你，也請你饒恕我。」饒恕傷害我們的人，並且請我們所傷害的人饒恕我們，就會得嘗新自由，也就是安然離世的自由。（盧雲之至美敘述，所以全段轉載）

瀕死之際，耶穌為那些釘十字架的人禱告：「父啊！赦免他們，因為他們所作，的他們不曉得。」（路加福音二十三章34節）以（上摘自盧雲《心靈麵包 Bread for the journey》）

我們確信，上帝兒女在度過地上這短暫的日子，確定還有永生等著享受，世人能這般蒙福，還有什麼不快樂，不感謝神？（選）

生命雖然充滿了艱難，痛苦，失落，哀傷，幻滅，但是也帶著榮耀的異象。

耶穌給我們的挑戰不是在末世解決所有的問題，而是要我們不顧一切代價忠心活著。（選）

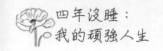
　　有限的人無法看到無限的神，但是人確定可以信心的在生活中去體驗祂的存在，真實可經驗到祂對世人所應許、承諾是百分之百的信實，每個「救贖」是分秒不差地來到信靠祂的人的生命中。

　　當你定睛在人生的光明，眼睛就不會感到疲憊。上帝是一盞最明亮的燈。除了十字架和每日克己外，世上沒有其他道路可以通往生命和內在的平安。無論你往哪兒找，也不會找到比十字架之路更崇高、更安全的道路。你可以依自己的心意和希望來安排每件事，可是無論你願不願意，也得忍受苦楚。因此你常找著十架……**如果你甘心樂意背上十架，它就會背負你，帶領你去想到的目的地，在那兒再不會有任何痛苦，可是這不會是今生的事。**（選）

　　凡勞苦擔重擔的人，可以到我這裡來，我就可以使你們得安息（馬太福音十一章 28 節）。

26.『有靈的活人』……『靈』的四個象限

　　萬物都是上帝口中創造，上帝祂開口說有就有，唯有人是上帝用祂手中的泥土「照祂的形象造的」，並且再將生氣吹在人的鼻孔裡，使他成為「有靈」的活人。（創世紀一章26-27節，二章 7 節）神的形象是人受造的根源，所以若要認識正確的「自我形象」，就要從「神的形象」來認識。

　　然而人受造之初到如今已是年代久遠，因生活環境演變，這靈已複雜化。現今的人的靈有四個「象限」，即是四個接觸互動層面，第一、**是屬天的**，是連結於上帝，這部分經過漫長歲月、世代與世事牽扯，大致上離了與上帝的溝通而沉睡；第二、**是屬地的**，是生活、教育、文化……第三、**是屬情慾的**，即血氣方面，屬喜怒哀樂層面……第四、**是上帝之外的靈界**，人們總難免被無形的暗黑勢力攪擾（輕重程度而已）不能察覺（基督徒也免不了受干擾）。因祂是「空中掌權者的首領……管轄這幽暗世界」……（弗所書六章12 節）；而所謂「通往地獄的道路都是用善意鋪成的」，因為撒旦總化身為光明的天使，牠來去無聲息，無孔不入的滲透人們的生活，不知不覺把人的靈魂擄去。**若能使第一個層次的靈完全覺醒，就能與上帝溝通**。我們是上帝所造，經過久遠世代靈魂迷失，然而造我們的上帝必然的也在「努力找」我們，等我們「回家」……。

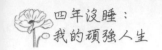
　　假設一個小孩走失了，孩子須依靠父母而活，是必定會想找尋父親，而父親呢，必定也急著找這孩子，不是嗎？每人身邊所有福音的訊息，就是天父正在迫切尋找你所發布的聲音……（選）

　　魔鬼如吼叫的獅子，遍地遊行，尋找可吞吃的人。（彼得前書五章 8 節）

27.『尼采的勇氣』何謂真理？
上帝後悔造人類？

（以下的尼采論述出自林郁主編）

尼采，德國人，祖父與父親皆爲牧師，他在年幼短時間失去父親與弟弟，至此，他的一生歲月的低潮時寫下了「上帝已死，是我殺的」；經過了幾個靈性起伏變化，從他的著作也可窺知其差異。他曾在給友人加斯德的信中寫到：「親愛的友人，我突然發覺在我的著作中充滿了和基督教的內在對話，你一定覺得訝異甚至厭煩。但信仰基督教的生活就我所知，是最好最理想的。自孩童起，我便追隨基督教，直到現在，我仍堅信它是很神奇的，總之，我是全世代基督教聖職者的子孫，請原諒我的偏狹」。他偶有「靈裡的覺醒」啊！這似乎有意無意的向友人告白……。

尼采在「權力意志」篇裡寫道：「如果我們承認『一瞬間』，就如同承認本身及現存的一切，因爲世界萬物，包括我們本身在內，都不是獨立的，因此當那僅有的一次，當我們的靈魂像絃一般幸福的震動時，我們肯定將會實現所有的永恆」。我以爲「實現」與「永恆」含義廣泛，他是否隱喻著感受上帝與天堂的眞實？記得在美國1973年在西藏桃源所拍攝黑白影片，詹姆斯・希爾頓編劇，查爾斯・加洛特執導的「失去的地平線」中，在人類夢想中的烏托邦「香格里拉」場景裡，長老智者說：「任何人在一生之中，總有機

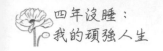
會在一瞥之間『看見』『眞理』，這與尼采所述「一瞬間」，相互輝映，這應該是形容「第一個象限」的「靈的覺醒」；以致有人說過：「尼采的生平和著作，是近代文學史思想史上受到最嚴重曲解的」。然而因他後期超過十年的歲月已然精神崩潰，無力平反，不勝噓唏。

「眞理」無所不在，誠如神學家奧古斯丁所言：「所有眞理都是神的眞理。」眞理是不會隨時空改變的道理。「眞理不會因爲有多少人相信才存在的」。有人說基督教的神很霸道，因十誡嚴禁敬拜第二個神，然而，眞理必然有祂的權威性啊……。

有說：學習眞理，無論是宇宙天體運轉，甚或眞理邏輯，乃是隨著神的思緒在思考。

眞理好像寶藏，要等我們嚐到生活的苦難，衝突與奮鬥的時候，才像我們顯露（選）。

我喜歡尼采的論述「悲劇」：「『悲劇』能讓人重新定義生命的精神，進而積極對人生世界充滿樂觀的希望，也就是所謂：『悲劇可以使人偉大』。」

亞里斯多德說「悲劇可以使人哀憐和恐懼的情緒得到淨化或洗滌」。

生命的悲劇是反省與悔改的呼召，哀傷和叫人生發痛悔、清醒與體諒（Sper）。

我認爲上帝在賦予完美重任之前，我們必須先學會如

何悲傷（DHR）。

　　一個人不先了解悲傷便不能體會喜悅（培根）。

　　真理：悲傷教導我們的，遠比喜笑要多。

　　我熱愛憂傷的黑暗，因為在那裡我可以看到聖容的光輝（蓋恩夫人）。

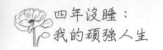
28.悲劇也在上帝的掌控之中
世界大事與聖經應對照

在人生的道路上，我們必然會遭遇荊棘、試探、引誘、坎坷、各樣的困境、悲傷，我們總也逃避不了逼迫。然而，這都是我們蒙召所需經歷的一部分。這世界對基督徒來說，並不是一塊福地，但卻是我們可以賴以得福之地，耶穌基督提醒我們，在世上有苦難，在祂裡面有平安。（選）

英國人言：對思考的人，這世界是喜劇。

對感覺的人，這世界是悲劇。

我們的人生是否應該適時的「悲喜劇交織」？

尼采在《歷史的利弊》裡的幾句話，相信必敲擊到大家的肺腑：「**人類為了『忘卻』生存，往往與『非公正相連』的事實，使我們需要更多的力量』。**」我想他言下之意是「**世人離開正義，與非正義妥協甚至聯結**」；他舉例：「**馬丁路德也認為世界因『神的健忘』才創造**」。尼采更認為如果神想到「大砲」，可能就不會創造世界。這雖是他一時之發抒，卻說中了後來的一個多世紀後的科技，竟短時間發展出各國之間所謂的「恐怖平衡」的核彈世界；全世界核彈總數可毀滅地球千百次啊！我們往哪裡逃？基督徒都在猜測啓示錄說末了上帝要用火毀滅這世界，是否源於這些「怪物」呢？……尼采人生歲月後段深受悲傷王子叔本華的影響。他心中常與「有神或無神」的矛盾奮戰，要如何安度日子

啊……據聖經所述,「似乎」上帝也曾「後悔」創造人類,如挪亞時代的方舟、大洪水……上帝哪有沒想到的事,就是因為祂知我們所思所想,早與預知我們的自由意志會「闖」下多大麻煩後果,早啓示在聖經所有預言與敘述中。這當中其正的一面是看見上帝創造的人無限「高超」的智慧,也勢必也因著自由意志,並與生俱來的野心、惡心,毫無節制的發展,而使世界走向一個不可逆的死胡同裡。「水可載舟,也可覆舟」,所謂「自作孽,不可活」啊……祂也眞不滿意這世界的「秩序」被我們攪混了,祂會在「最適當時間」來「收拾善後」了……。

我們不知世界的結局,但知祂必再臨……。

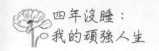
29.新天新地是什麼？萬物的結局近了

　　新天新地概念聖經早在先知書中以賽亞書六十五章 17 節與六十六章 22 節提過了。聖經以創造天地開始，而已新天新地之來臨爲終。新天新地是神對宇宙最具深遠智慧的安排：「要照所安排的，在日期滿足的時候，使天上地上一切所有的，都在基督耶穌裡同歸於一」（以弗所書一章 10 節）。這件事發生於基督第二次降臨時；那時現有的天地好像一件漸漸舊了的外衣捲起來，於是這天地就都過去了（希伯來書一章 11-12 節）。這一次的審判啓示於啓示錄二十一章 5 節，「看見一個新天新地，因爲先前的天地已經過去，海也不再有了」；彼得在彼得後書三章 10-12 節提到「天必有響聲廢去，有形質的都要被烈火銷化，地和其上的物都要燒盡了……天被火燒就銷化了」。「天地都要滅沒……神要將天地好像一件漸漸舊了的外衣捲起來，天地就都改變了」（希伯來書一章 11-12 節）。這一次的審判，不像上古神用洪水毀滅世界，乃是要用烈火銷化這個物質的天地，且將之更新爲永恆的天新地，成爲不能朽壞、不能玷污、不能衰殘的（彼得前書一章 4 節）。

　　於上古挪亞的時代，神曾用洪水毀滅淹沒審判當時的世界；現今的天地還是憑照神的命令存留。到了末日，人的罪惡來到盡頭，甚至人已經把地球毀壞了。故此，神於審判時必須用烈火焚燒，把有形質的都用烈火銷化，地和其上的物都要燒盡；並且還要審判那些毀壞地球的人（啓示錄十一

章 18 節）。新天新地是神以永恆的性質將一切更新了，這時候神帶著榮耀、聖潔、公義的性情，居住在祂的子民當中。活在基督裡，就已經生活在新天新的進展當中……以上二段摘錄自張貴富弟兄著作，大光書房出版的《新天新地》。

寫此書正逢「新冠狀病毒」於全球各地肆虐之際，有人說，這場世紀大災難，就像人類史上沒有刀鎗砲彈的第三次世界大戰！各國都在憂心這場戰「疫」何時停止，連醫學專家也不敢斷言。

@轉載：人類歷史中，沒有一個時代比今日的世界更混亂、更邪惡、更敗壞、更背叛神！這種情形將會繼續增加直到「敵基督」的出現，在大災難中掌權時而達到最高峰！聖經中明確指示，直到主再來以前，這世界上不會有太平的日子。甚至很多基督教外的人也預感到一個空前大事之來臨。「危機」兩個字壓住了每個人的心。

用一句普通話來表示，今日的世界好像著了魔一般，偏偏走滅亡的路，善惡之道明明擺在眼前，人們卻棄絕善路，好像暗中被一個邪惡的力量在左右而不自覺。（以上為已逝牧師王永信四十年前感言，四十年後的今天，新冠病毒之出現，正應驗了這預感）

人活在世上，無法避免災難，除了可怕的疾病，還有不可預防的天災和人禍。哪裡有真正的平安？平安何處尋？

神所賜、出人意外的平安必在基督耶穌裡保守你們的心懷意念（腓立比書四章 7 節）。

我留下平安給你們；我將我的平安賜給你們。我所賜

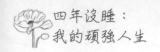

的，不像世人所賜的。你們心裡不要憂愁，也不要膽怯（約翰福音十四章 27 節）。

　　感悟：瘟疫也跟上帝「懲罰」有關；敬虔者必能領悟上帝藉著此事……之作為……「危機就是轉機」，因為「每個不利事件背後，都有其相對的有利契機」。因著這，可以使人暫時緩下生活步調，除了讓地球喘息，人們藉此回到自己的內在世界，好好省思檢視靈魂深處的訊息……如前述：「巨災來臨時，讓我們可以暫時停下來，重新檢視自己的內在生命……。」

　　當有大災難降臨時，

　　我們想知為何如此；

　　主不要我問誰犯罪，

　　只要聽祂勸人悔改。（D・DeHaan）

　　在危難中當聽上帝的呼喚。

　　「安息日」是給我們機會，離開滾動不息的生活滾輪（選）。

　　我們在生活上追風捕影……追虛逐幻，因而失去了各樣的關係……這是個十足浮華誇張的世界……前述聖經經節：「你們要休息，要知道我是神……。」（詩篇四十六章 10 節）。

　　「禧年」最大功用是「Reset」（重啟）「讓地球休息」，只為讓它「能」繼續「走路」……也是延緩「地球窒息死亡」

的時間……也讓「迷失」的人們多一些時間思考生命問題……。

趁著疫情，讓我們真實去思考何謂「減法人生」……。

在此我把約二十年前基督教團體天韻合唱團（成立於1963年）創作專輯的其中一首詩歌〈別讓地球再流淚〉之歌詞摘錄如下：（作詞：葉薇心。作曲：祁少麟。編曲：陳揚。）

> 萬物之靈的人哪
> 你在地上做了什麼
> 你在標榜人類智慧
> 地球憔悴無言以對
> 萬物之靈的人哪
> 你在地上做了什麼
> 你在不斷自我膨脹
> 地球無奈暗自悲傷
> 別讓地球再流淚（二次）
> 萬物之靈的人哪
> 你在地上做了什麼
> 你在享受現代文明
> 地球日夜淚流不停
> 萬物之靈的人哪
> 你在地上做了什麼
> 別讓地球再流淚（二次）。
> （環保不是口號，是一顆珍惜的心）

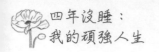
這世界性的重大疫情何以發生？藉著人類的錯誤，上帝行使祂的工作……。

除了病毒讓地球停歇……另的效用……以下做參考：

重點：

糾正人類的錯誤

解決人類的經濟問題

請點閱「台中榮中教會」2020 年 7 月 12 日林榮恩弟兄的專題演講「從疫情反思」，有興趣再點閱「預言人類決局」影片中，田納西州的生物學博士約翰‧卡爾洪 1968 至 1973 年所做「25 號宇宙」、「老鼠烏托邦」的實驗……足讓我們多方思考……。

我們是否在人生每個高山低谷中，深知自身的纖小，敬畏上帝的規律與引導，以謙卑與信心堅定面對每一天……。

依照聖經，共五百多個大預言中，絕大部分皆已「實現」，已 96%應驗，只剩十多個……耶穌腳步很近了……但主的日子（再降臨之意）要像賊來到一樣（不預告你時間）……（彼得後書三章 10 節）

有說「傳道人、牧師是必須一手持聖經，一手持報紙對照……。」

萬物的結局近了，所以你們要謹慎自守，警醒禱告，最重要的是彼此相愛……（彼得前書四章 7-8 節）

「當年以色列百姓有責任留意兆頭，注意預言迎接彌

賽亞的降生，但他們沒有做到」……。

「現代有哪些兆頭？有一些兆頭長期存在，如戰爭、謠傳、地震、饑荒、叛逆、不虔不義的政府等等。這些都是主再來的經典訊號。再留意當中的特別強烈的變化，可以見到最多嗜血、最多戰爭、最重武力的世紀就是二十世紀，世界大戰是空前災難」（海天）

（續）「聖經所描述的末世叫許多人恐慌不已。我們讀到天地就像舊衣一般捲起，地要熔化，叫人覺得這需要極大的熱能，以為隱喻著核子災難」。

「歷代信徒公認末世來到之日，神會以災難式的審判表達祂的憤怒，但大地不會全然毀滅。傳統看法認為神要更新這世界，我們期待新人新地來臨，即如約翰在《啟示錄》異象裡所見的景象」。

「當我們注意歷史終局要有的災難時，有幾項重要的『末世論』原則不可忽略，例如保羅在《羅馬書》說：萬物與我們一同歎息勞苦，等候神的救贖來到。可見人的墮落，叫大地落在困苦哀愁的悲劇中」。

「神造了人類，也要拯救人類。神造了世界，也計劃了拯救世界。至多基督徒臆測，末日的火煉是為世界的鍛鍊，不是將一切化為烏有，而是去舊立新，使萬象更新，生機處處」（海天）

深深感受到這次的病毒肆虐所帶來的世界各地的災情，是聖經啟示末世主再臨時的世界景象之「前奏」，也是「預演」，也是在警告世人「我的腳步近了」……這是災難

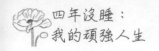
的起頭……。

……「不要懼怕，我是首先的，我是末後的，又是那存活的；我曾死過，現在又活了，直活到永永遠遠，並且拿著死亡和陰間的鑰匙」（啟示錄一章 17b-18 節）。

祂又對我說，

不可封了這書上的預言，

因為日期近了……

看哪，我必快來，賞罰在我，

要照各人所行的報應他……。

那些「洗淨」自己衣服的有福了（啟示錄二十二章 10-14 節）。

以弗所書五章 16 節載明上帝鼓勵我們「要愛惜光陰，因為現今世代邪惡」。有位智者曾說：不要忽略今天，而憧憬明天要做一番轟轟烈烈的事，因為那只是個幻想，沒有一個現在停止呼吸的人，能活在明天的世界裡。

一想到不久主必再回到世上來的事實，我們豈不更要好好把握今天的每一個時刻，做一個時間的好管家（選）。

主會讓我們有勇氣，如哲人所說：「每個早晨我們面對考驗，每個夜晚我們通過考試」。

上帝也在我們「心房」裡安置一個空位，這空位任何事物都填不滿，端看世上名利雙收者，其不滿足之無止境追逐可窺知。

因為人的生命，不在乎家道豐富（路加福音十二章 15 節）。

　　然而，若非找到生命創造的源頭上帝，仍是難以填補這空位；因這不滿足，普世都在遍尋各種宗教以寄託之，以為可以「殊途同歸」。耶穌說：「我就是道路、真理、生命，若不藉著我，沒人能到父那裡去」。（約翰福音十四章 6 節）世人總認為這說法太霸道了，想想，前述：「真理」，必有它的權威性啊！

　　除祂以外，別無拯救，因為天下人間沒有賜下別的名我們可以靠著得救（使徒行傳四章 12 節）。

　　凡求告主名的，就必得救（羅馬書十章 13 節）。

　　凡父所賜給我的人必到我這裡來；到我這裡來的，我總不丟棄它（翰福音六章 37 節）。

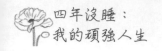
30.等待基督降臨

　　<u>我</u>們若不耐心等待神在榮耀中降臨，就會流離失所，追逐刺激，生活中充斥報章消息、電影故事、讒言讒語，我們就無從分辨哪些事引領我們向神，哪些不能，否則，我們的心也就失去屬靈的敏銳。（選）

　　不等候基督再來，我們就會停滯不前，耽溺於一時之樂的誘惑。保羅要我們不可沉迷，行事為人要端正，好像行在白晝。不可荒宴醉酒。不可好色邪蕩，不可爭競嫉妒，總要披戴主耶穌基督，不要為肉體安排，去放縱私慾。（馬書十三章 13-14 節）我們有主耶穌可期盼，在等待的時候就可以經歷祂。（盧雲）

　　以下二擇選自中信月刊 2020 年 1、2 月何照洪弟兄「偉人不會說自己是神」、「信什麼都一樣，真的嗎？」

　　「偉人不會說自己是神」……。

　　1.因為他不是，就沒有資格說。耶穌卻多次說祂是神（或是神的兒子，而神的兒子就是代表祂是神），聖經的記載如此，我們在羅馬歷史中也會看到。耶穌在聖經中多次說祂是神，也因祂說自己是神，人們就把它釘在十字架上（參考約翰福音十九章 7 節）。

　　感悟：然而，這事也在祂降世為人之前的約四百年前的舊約聖經裡，上帝就自己就預言了，神也絕對清楚「每個世人將來會怎樣」。祂比你更清楚你的未來……。

　　2.假設你生了一種病，在我們的國家，只有一個醫生才

有能力可以治好它，但你說：「沒關係啦，醫生都是好人，找到一個好醫生，每天對我噓寒問暖，就可以了。」這醫生很好，卻沒辦法治好你的病，那你會選擇他嗎？還是你要選擇一個雖然不能噓寒問暖，卻能醫好你的醫生呢？同樣地，我們思考一下有關靈魂的事。神在造人時，把一些特質放在我們裡面，會讓我們渴望永生。每個人活在世上，都希望可以永恆，有永恆的需求、有永生的需要；更重要的是，有認識神的渴求。假如世界沒有神，沒有永恆，那人類的盼望在哪裡？

眞誠實踐對「神」與「祂的眞理」之沉思，即是對靈魂與內體的治療（諾曼‧文生‧皮爾）。

我是道路、眞理、生命，若不藉著我，沒有人能到父那裡去（約翰福音十四章 6 節）。

要知道沒有死亡，一切生命都不可分別，此地與此地之後實爲一體，時間與永恆皆不可分割，宇宙之間無一障礙。我們都是永恆的天國公民（諾曼‧文生‧皮爾博士）。

盧雲感慨：我們仰看眾星，容思緒飄往銀河系中，會覺得自己如此渺小卑微；我們的所言、所思、所行，似乎一點用也沒有。然而，我們若審視自己的心靈，容自己的思緒徜徉於內心世界無邊的銀河系，又會覺得自己如此昂然威重；我們的所言、所思、所行，看來極其重要。我們要兩面兼具：謙卑卻自信、幽默也嚴謹、輕鬆又穩健。是的，人類及其渺小，也極其威重。是這種對峙力，讓我們在靈裡儆醒。

又說：死亡之後就沒什麼「以後」了。「以後」或「以

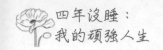
前」這種字眼屬於人的必朽生命，時空之下的生命。死亡讓我們脫離時序的範疇，帶領我們進入神的「時間」，卻不受時間的限制。對死後生命的種種猜測也就止於猜測罷了。超越死亡之後，就沒有「首先」與「末後」，「這裡」與「那裡」，「過去」或「現在」了。神是萬有之神。末時，身體復活，耶穌榮耀降臨，對那些不在時空裡的人就不再有時間的分隔了。

凡事都定期天下萬事都有定時，生有時，死有時（傳道書三章 1-2 節）。神看聖民之死極爲寶貴。死亡是在主懷中安息。神吩咐約翰寫下：在主裡面死的人有福了。聖靈說：是的，他們息了自己的勞苦，作工的果效也隨著他們（啓示錄十四章 13 節）。

神命定終局，也命定過程。人不能改變神，但憑禱告可以改變人和事。

有時候，神在等我們祈求，讓我們有分於祂在地上成就旨意的榮耀（禱告篇之四）。

31.「世人算什麼？祢竟顧念他」
詩篇第八章 4 節

又悟：神創造了我們，並且以無誤的智慧，管理這個世界，包括每個人的每件事。遺憾的是至多極聰慧之學者，醫學、科學……各在其領域裡頗負盛名者，卻是窮極一生，仍難以走進這「恩典、奧祕、神祕」的區塊領域，所以有說，**聰明的人未必有明智的判斷力，智慧的人未必有很強的理解力**，如叔本華……如霍金……。上帝的創造與超高能力之掌管永恆宇宙，其可「敬畏」之程度讓人看似「極難想像」，由前段盧雲之敘述可窺知。早年登月的太空人在太空中感受到上帝創造宇宙之神奇與可畏，發出深沉感動，唸出詩篇八章 3、4 節：我觀看你指頭所造的天，並你陳設的月亮星宿，便說「世人算什麼，你竟顧念他？世人算什麼，你竟眷顧他」？然而達爾文卻在航行世界，經過五年的閱歷、見識世界宇宙之浩大神奇後，竟從正統的基督徒轉而變成了無神論者，拋棄了一切，為了堅固其身為博物學家之所論述的「物種起源」？

　　至大至貴之物
　　乃上帝的應許
　　熔在鍍金的書中
　　刻在上帝的話語裡（Cockrell）。

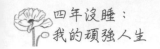
32.我是造物主最大的奇蹟

造物者在我們還是嬰兒時，就已經將能量建在我們體內。祂已將生命力植在我們體內，而真正的信心則能維持這股生命力於不熄（諾曼‧文生‧皮爾）。

我不是偶然來到塵世的。我來到這裡是為了一個目的，那個目的就是想長成一座高山，而非縮成一顆沙粒。從今以後，我要竭盡一切力量去成為一座最高的山，將我的潛力發揮到最大限度（奧格‧曼迪諾）。

上帝若要一棵樹成為棟樑之材，會讓它長在狂風暴雨中，使其經歷經年累月的錘鍊，才能長得結實、粗壯，做大殿的支柱。經過大自然暴風雨後分外美麗，不會倒在深谷中，而且有更大的力量爬起來，登上陽光灑滿的山頭，而且更能幫助、同情和安慰受暴風雨打擊的人（選）。

在尋求極限體驗的過程中，隨著「極限時刻」的來臨，你的潛能會一次又一次被激發出來，你會感到自身的力量是無限的（賈卓穎）。

越是看盡底層悲苦的人，越容易參悟神性、人性。帶著傷痕的羽翼，雖然讓飛翔增加疼痛，卻能夠**更加敏銳於氣流的微妙變化**。選擇感謝生命中所經歷的人，能幫助其他有相同經歷的後輩，能夠扭轉其心裡的負擔，也讓自己的生命活的更有價值。（選）「經歷磨難，是為了美麗的綻放」

「戰鬥未遇危險，凱旋哪有歡呼？」（選）

「不經一番寒徹骨，哪來梅花撲鼻香」（黃蘗）

「沒有逆境中的苦戰，哪有強者的勝利」

「如果一帆風順，我們將無法湧出內心深處的無上喜悅」

「安逸的生活常引人向下沉淪，無法孕育出頑強的生命」。

「戰勝一次逆境，人生必定多一份充實與成就，能力也提升」

所以哲人說：「逆境是磨練人的最高學府」，也幾乎是所有偉人鉅子成功的基石，是不能推翻的真理。

蒙神恩典之定律也是真理：常常得勝的人會發「所有蒙福的來源都在生命的幽谷」⋯⋯出了這低谷，足以向世人說嘴，可以講述我們是如何度過這些流淚谷的（選）。

有說：**試著找到一個能夠磨練自己的環境，並全然置身其中，絕對是讓自己走向成熟的最佳路徑。**

「患難可以磨練一個人的品格；

　　非常的境遇方才可以顯出非常的氣節；

　　風平浪靜的海面，

　　所有的船隻都能並駕爭勝；

　　命運的鐵拳擊中要害的時候，

　　只有大勇大智的人，才能夠處之泰然」（莎士比亞）。

＠活著就是要逢山開路，遇水架橋，生活就是這樣，你不逼自己，生活就會跑來逼你；真正的強者夜深人靜，就把

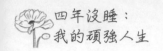
心掏出來，自己縫縫補補，完事再塞回去，睡一覺醒來又是信心百倍……。

我弱了，困難就強了……

我強了，困難就弱了……（無名氏）

@若是上帝幫我們縫縫補補，將會補到「天衣無縫」……一笑……然後與上帝接續將要賜給我們的亮麗人生「無縫接軌」……。

33.苦難是包裝難看的寶貴禮物

　　主耶穌說：「我將這些事告訴你們，是要叫你們在我裡面有平安。在世上，你們有苦難；但你們可以放心，我已經勝了世界」（約翰福音十六章 33 節）。

　　「苦難的磨煉，總是隱藏著神滿滿的祝福。」

　　生命的破碎，反倒成為新生命的入口。這破碎非我們的罪性所致，而是需接受它，並放置於神的祝福之下，作為我們成聖與煉淨的器皿（盧雲）。

　　我們必需走過辛酸的十字架，方能抵達榮耀之境；天父不會應許我們坐花車上天堂。當你發現前途崎嶇又多難，不要心灰意冷，先聖先賢都走過同樣的艱苦之路（選）。

　　「分享感動我人生的摘錄佳句，出處大致難考；親愛的，它們鼓舞了我，必也將鼓舞著你……這些前輩們鏗鏘有力的智慧佳言，十多年來，也在我得勝課程國中輔導生涯裡，鼓勵了眾多學子們……。」

　　「太陽在，烏雲就會散開」

　　「夜再黑也不用怕，天明前就會退去」（耶魯）

　　「一宿雖有哭泣，早晨就必歡呼」（詩篇三十章 5 節）

　　「當一切都失去時，將來仍然存在」……

　　「只有擁抱困難時，我們才能更認識自己」

　　「困難使人心志強健，一如勞動使人身軀強壯」

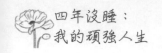
「我們若於冬天一半就放棄，將不會享受到下一個春天」

「沒有不被轉成欣欣向榮的嚴冬，儘管冬季是多麼冷峻和艱難」

「儘管生命為不足道，儘管野火肆虐燃燒，儘管黑夜權勢籠罩，要相信這世界有『人』在主導，會將你擁抱，在黑暗的角落仍要唱出希望的調」（改自《人子》詩歌）

「哪裡有意願，哪裡就有道路」

「小徑走久了，也會成為大道」

「當你發現前後左右都沒路的時候，恭喜你，是你往上飛翔的時候了」

「我沒有路，但我知道前進的方向」

「人生如騎單車，想保持平衡就得往前走」（愛恩斯坦）。

「悲觀的土地最適合樂觀的種子生長」

「生命中即使有憂傷，靠著主還是過得去的」（選）

「要知道，你比自己認為的更大，因為你的確如此」（皮爾博士）

「沒有經過放聲痛哭的階段，我們無法再帶微笑把眼淚擦乾」

「若非悲傷掏空了我們的心，我們就裝不下更多的喜樂」（選）

「一堆磨難是一堆洗禮，走過，累過，哭過，才能成長；

痛苦過，悲傷過，寂莫過，才會飛翔」（選）

「患難能壅陪許多不經苦痛得不到的美德，忍耐就是其中之一」……（耶魯）

「耶穌的生命告訴我們，通過憂傷，生命才能綻放真正的和平與喜樂的花朵」（選）。

「摩西四十年曠野牧羊，把『愚勇』磨成『智勇』」

「輝煌的人格都是由逆境出來」

｜沒經過試煉與痛苦的人，不能成為『完人』」（格林）

「經歷過相當淬練之後，必能成長臻於靈裡的成熟，與堅韌不易受挫的耐力意志，日後的人生路上，你將體會所謂災區待久了，斜風細雨不須歸」（選）

「高飛的鷲鷹，從來不會掛慮牠將如何渡過江河」
（MorningDewdrops）

耶穌應許我們可以「行在水面上……」（馬太福音十四章 29 節）

經歷患難，能夠造就一個人去擔負更大的責任，從大衛一生中即能找到印證。

信徒哲理：基督信仰一個與眾不同的地方，是明白也順服的把人生的苦難當成是天父給我們的磨練，爾後能使我們成為能付出安慰與信心的人。

「江河都往海裡流，海卻不滿；江河從何處流，仍歸還

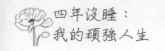
何處」（傳道書一章 7 節），「江河滔滔，萬傾波濤飽在囊，造福兩岸千萬耕地，也支持無數的畜牧和人群。只是，雖然流個不停，甚且流乾，也無法把海填滿。灰心嗎？且看江河還是不屈不撓，靜待陽光把海水化成雨露，降回原來河道，再向大海流。江河的堅持，教我們曉得，不管遇到什麼困難，也不可灰心放棄」（海天）

「若糾結於過去與現在，就會失去未來。永遠不要不要不要放棄」（邱吉爾）。

「勿被世界威嚇挾持，勇敢跨上那一步，神將帶你離開所有的痛苦」（選）

「我若不信在活人之地得見耶和華的恩惠，我早已喪膽了」（詩篇二十七篇 13 節）

「神會在我們瀕臨絕望之際賜下盼望，想要放棄生命之際賜下勇氣」

「神會賜如甘霖之福，你這已枯乾，已凋謝的草木，現在應該仰頭舒展你的葉子與花瓣，接受從天降下來的雨水澆灌」（司布真）

「明天那帶著露珠洗淨的草原，與新鮮的花朵在等你（人的希望長存）」（耶魯）

「在試煉的沙漠裡，神會給我們歇息的綠洲」（選）

「看哪，我要做一件新事，如今要發現，你們豈不知道嗎？我必在曠野開道路，在沙漠開江河」（以賽亞書四十三章 18-19 節）

「要經歷過內心的受苦，才能產生外表也看得到的生

命的改變；希望不經苦難而結果的人，不會懂得那些偉大人物臉上的深紋，也不會了解人子耶穌為人受苦的神聖意義；不經過苦痛的耕耙，不會有收穫，要有收穫，必須付代價」（選）

引用諾曼・文生・皮爾博士（Norman Vincent Peale）面對困難十勵志守則：

（摘自成智出版社 1998 年出版《正向思考——365大靈感之泉》）

1.要執行「全然不可能」之事的專家，也就是去完成那些「無法」被解決的事。

2.在這世上完成艱鉅任務的人只有少數者才擁有超人的智能。然而這些人卻擁有一些共通的特質，這些特質會使他們不斷向前邁進：「不斷嘗試」、「永不放棄」、「緊握不放」、「堅持到底」以及「不斷前進」的態度。

3.絕不要想到失敗，因為你無此必要。

4.你能夠克服如萬仞千山般的重重困難，只要你能夠先在思想上領先超越它們。

@你要相信自己比你的困難更大，因為你的確如此。

5.永遠都要在問題的周圍多做試探，找出它的弱點，因為幾乎任何問題，都有弱點可供切入。再由此將問題剖開，找出解決的方法。

6.「如果你認為你能你就能。」把這十個字，牢記在你的腦子裡。它們都富含著力量與真理。

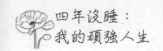
7.記住愛迪生的名言：「如果我們做到自己能做到的一切事情，我們會被自己嚇一跳。」把你自己嚇一跳吧！

8.你工作的難易是決定於你如何想它的。想它難，它就難。想它易，它就容易。

9.這十三個字將幫助你改變人生：「我能夠藉著神，來做到一切的事情。」

10.造物者在你我還是嬰孩時，就已經將能量建在我們體內。祂已將生命力植在我們體內，而真正的信心則能維持這股生命力於不熄。

34.一失足成千古恨？悔恨比失足更令人難過

「黑天鵝」效應：漫長人生何人能全然不遇著「黑天鵝」呢？

無可補救的，心痛過了就不必再介懷，做了就做了……除非能由過去的錯誤中尋找到有用的教訓……（華盛頓）

親愛的，要知道，縱使苦難的十字架是自己在無知之下「製造」的，也請牢記：在上帝裡，沒有所謂「一失足成千古恨」，只有「浪子回頭金不換」，祂必定能幫你把局勢「扭轉」，一起把這副「壞牌」打出好「成績」。

如果你從不犯錯，你將一事無成（西諺）。

我總不撇下你，也不丟棄你（希伯來書十三章 5 節）。

縱使父母遺棄了你，上帝也必定會收留你……。

沒有人活在上帝愛的範圍以外……。

耶穌寶血已經遮掩了我們的罪過，這是多麼奇妙的事，就如大衛接納約拿單之子米非波設，成為大衛的家人，使能與大衛同席吃飯，並把他摔壞的腳藏在君王的桌子底下，別人看不見他的跛腳（詳見撒母耳記下二十一章 8-9 節）。上帝也會如此接納世上每一個人。

不論你是誰，或做過什麼事，他都愛你，祂永不離棄你（約翰福音十四章 18 節；希伯來書十三章 5 節）。別人也許不關心你，也不和你交往，但耶穌不會（馬太福音十一章 28 節）。別人也許不欣賞你的外表，耶穌卻看到你的內在

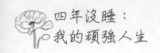
（撒母耳記上十六章 7 節）。有的人也許因爲你年歲已長，把你當成累贅，但耶穌愛你愛到底（羅馬書八章 35-39 節）。（選）

不論人們撇棄你的原因是什麼，耶穌都愛你，祂希望你像祂那樣生活。但祂也照你的本相愛你，並且決不撇下你。你是祂的家人，你永遠不再孤單。（DHR）

祂從灰塵裡抬舉貧寒人，從糞堆中提拔窮乏人（詩篇一百一十三篇 7 節）。

從今不再孤單與寂寞，

耶穌擔你重擔與煩愁；

有祂伴隨引領我，

他總不停尋找祂本所有。（Brandt）

你若認識耶穌，你就永不孤單。

默想：

「有哪些過去的錯誤仍然糾纏著你？

你是否已經向上帝承認這些錯誤，

並接受祂完全的饒恕（約翰福音一章 9 節）？

當你這樣做之時，你的前程將充滿希望」

當你奉耶穌的名禱告，坦然無懼來到上帝面前；

只管把心中所想告之，根本無須害怕或羞怯（Fitzugh）。

如果我們向上帝認罪，祂是信實的，他要赦免我們的罪，洗淨我們所有的過犯（約翰一書一章 9 節）。

禱告是直通天堂的線路……。

「這個世界本來就美好，需要的是重建，不是改造。」

「每一個人本來就可愛，須要的是恢復，不是矯正」（摘自 Sonof·Man）

「祂是照著我們的本相接納我們」

主啊！幫助我看見我隱藏的罪，

那些潛藏在我裡面的錯誤，

我會在你面前認罪，

使我永遠光明剔透（D·DeHaan）。

「沒有哪一個人是因為太壞因而上帝不能救你，或是因為太好而不需要上帝的救恩」

不管人性被降格到什麼地步，人仍有神的形象，這形象雖然遭到破壞，卻沒有被毀滅（斯托得 JohnR·W·RewStott）。

我們要謹記：即使神為我們的行為傷心，也不會放棄我們，這項真理將會幫助我們重尋神永恆的愛（清晨露滴）。

這世界需要你最好的部分，上帝接納你的全部（選）。

你已將我的哀哭變為跳舞，將我的麻衣脫去，給我披上喜樂（詩篇三十章 11 節）。

若有人在基督裡，他就是新造的人，舊事已過，都變成新的了（哥林多後書五章 17 節）。

救恩來自慈愛主，一切不堪已改變（Hess）。

天離地何等的高，祂的慈愛向敬畏他的人也何等的大。東離西多遠，祂叫我們的過犯離我們也多遠。父親怎樣憐恤他的兒女，耶和華也怎樣憐恤敬畏他的人，因為祂思念我們不過是塵土（詩篇一百零三篇 11-14 節）。

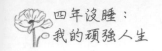

神應許補償我們「蝗蟲吃去的那些年」（約珥書二章25節）。

在天堂所得到的，足以彌補我們在地上所失去的。

最大的榮耀不在於永不跌倒，而在於每次都能從跌倒中再爬起來，屢仆屢起。（愛默生）

引述：那個外表襤褸不堪、可憐的浪子，當他醒悟後，沒有先到服裝店去買一套新衣、一件襯衫、一條領帶（當然是賒帳的，因為當時他已經破產），沒有刻意打扮得體面一些，沒有掩飾他的一副可憐相，而以現有的本相走到他父親面前。因為更重要的是修改他的「內心」，而不是打扮他的「外表」，他沒有用任何藉口來為自己打圓場，沒有編造任何託詞來為自己辯解，完全實實在在地對他父親說：「爸爸，我得罪了天，也得罪了你！」換句話說，他承認犯了錯，自認不配再做兒子，而決心當他父親的一個僕人（選）。

@一個小孩在回家的路上經過一座森林，結果迷失了兩個小時才找到正確的路。回到家後，整夜他都躲在倉庫裡，因為害怕父親責怪他這樣晚才回來。然而他的父母卻是那樣愛他，徹夜不眠不休地在麥田裡、叢林、沼澤、森林中找他。他若知道父母的愛心，就大可不必躲在倉庫過夜，受苦受凍（清晨露滴）。

是的，上帝就是這樣愛你，這樣心裡焦急的在尋找你，祂非常的愛你……我們應當更多的去認識祂。

許多人都想用宗教的外衣和表面的善行來裝飾自己，而不肯以「可憐、失喪、不配憐憫的罪人」的真相來到主面

前。耶穌並不是來救好人，他來是為使罪人悔改。你想想看，假如有一個病人說：「我先替自己看病，等我的病好轉以後再去找醫生，」你不認為他瘋了嗎？（選）

有一個晚上，西藥店進來了一個人，那人說：「我要買感冒藥。」店主說：「你帶藥單來了嗎？」那人說：「沒有，我只帶感冒來。」這是上帝所願意見到罪人的態度。有藥單若不服藥，病還是不會好的。罪人啊，你不用再打扮了，就照著你現在的本相走到主的面前，承認你的罪，主所喜歡的就是這種誠實的態度（以上三段選自《清晨露滴》）。

〈浪子篇〉裡父親對嫉妒的大兒子說：「兒啊！你常和我同在，我一切所有都是你的；只是你這個兄弟是死而復活、失而又得的，所以我們理當歡喜快樂。」（路加福音十五章 31-32 節）記得在主的愛裡，切勿「毫無感覺」，不要像聖經中那個大兒子一般，不曉得向祂「討愛」，悠忽而過一生……上帝是我們的最大供應者……上帝應許供給我們滿漢全席的自助餐，我們只要去拿取即可……

（嫉妒的大兒子也隱喻當時的文士與法利賽人）

@看哪，我在門外叩門，若有聽見我聲音就開門的，我要進到他那裡去，我與他、他與我一同坐席（啟示錄三章 20 節）。

@凡勞苦擔重擔的人，可以到我這裡來，我就使他們得安息（馬太福音十一章 28 節）。

　　親愛的，信靠上帝，不要懼怕，因為上帝與你同在，你經歷所有火煉時，祂是你的一切安慰與保障，祂永不會拋棄尋求他的人。

　　你要盡心盡性盡意愛主你的上帝（馬太福音二十二章37節）。

　　生命是一場修行，在經歷中成長，在困境中堅強（選）。以耶和華他們的神，這百姓是有福的（詩篇一百四十四篇15b）。

　　得救重生之後你必是上帝「重用」的人……。

　　你是上帝賜給世界的一份禮物……。

　　@羅馬書七章-1415節：「立志行善由得我，只是行出來由不得我。我所願意的我並不作，我所恨惡的我倒去做」。

　　@只要是人，有很多時候，我們的心思意念也常會參雜那惡者的攪擾，因牠是「空中掌權者的首領」（以弗所書二章2節）……「管轄那幽暗世界的……」（以弗所書六章12b）

　　@親愛的，我們不要給魔鬼留地步（以弗所書四章27節）。看似很難，然上帝應許：（在人這是不能的，在神凡事都能）（馬太福音十九章26節）。

　　@「靠著加給我力量的，凡事都能做……」（腓立比書四章13節）

　　許多人喜歡神學家尼布爾（ReinholdNiebuhr）的禱告：「神啊，求祢賜我寧靜的心，接受我所不能改變的事；賜我勇氣去改變我可以改變的事；賜我智慧分辨這兩者（SerenityPrayer）」……稱為寧靜的禱告。

　　上帝總使用平凡的人來成就祂偉大的計劃。就如耶穌騎小驢駒進路撒冷，因爲「主要用牠」。一隻小驢駒被主所用，牠就變得不凡了。（選）

　　忘記背後，努力面前的，向著標竿直跑（腓立比書三章13-14節）。

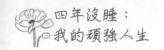
35.關鍵時刻：
「若沒有福音，苦難是沒有意義的」

「最艱難得時刻就是我們的『關鍵時刻』，正是『收成的時刻』；關鍵時刻會以不同的方式影響不同的人；關鍵的日子是『苦難的日子』，是給我們為『釘十字』做準備的時刻，神會從你最艱辛的時刻，為你孕育出美好的事物，祂會把黑夜變成白日，因為這也是關鍵時刻；信任祂，走出你安全隱密的堡壘，與耶穌一起走在水面上，你懼怕做的事可以是你一生中最偉大的經歷，是你最美好的時光，是你特有的神所命定之關鍵時刻」（邵貴恩 GwenShaw）

歷史的長河，總是漂浮著那些不向命運低頭，將自己命運握在自己手中的人。要感謝生活的磨難（選）。

羅倫斯修士（法國 1611-1691）生活平安美滿，反而責怪神不讓他受苦。

我深愛上帝的火，錘鍊和琢磨的恩典，上帝不斷的管教對我來說，是最豐盛的祝福（伊利斯）。

苦難是催逼我們前進的必需品，如船中的爐火，是使船行駛的必需品一般；苦難是喚醒當今耳聾世界的麥克風（選）。

「苦難永遠指向不會背叛我們的希望、盼望」（選）。

「人生有苦難，免得我們將今生當作永恆」（選）

36.苦難的價值

108 / 9 / 8 主日蕭祥修牧師講道的重要信息：

主題經文與重要信息內容：

（約翰福音十六章 33b）耶穌說：「在世上，你們有苦難；但你們可以放心，我已經勝了世界。」

從福音來看，神允許苦難來到是有好處的，「受苦是與我有益的」（詩篇一一九章 71 節）。聖經不同意苦難全部是罪的懲罰與結果，例如約伯。蕭牧師說到：「有些苦難今生無解，但與神面對面那天就會明白；我選擇放棄去理解這苦難，若照我的邏輯與理性可了解這些苦難，那我與一般人的認知無差別」。

1.苦難使我們品格被煉淨，信心變剛強。

2.苦難使我們得以真實經歷神，更認識神，並被神成全。

3.苦難將使我們得著生命的冠冕（在天上）。

與信息重要相關經句與內容：

「因此，你們是大有喜樂；但如今在百般的試煉中暫時憂愁，叫你們的信心既被試煉，就比那被火試驗仍然能壞的金子更顯寶貴，可以在耶穌基督顯現的時候得著稱讚、榮耀、尊貴。」（彼得前書一章 6-7 節）。

「鼎為煉銀，爐為煉金，唯有耶和華熬煉人心」（箴言十七章 3 節）。

「我必反手加在你身上，煉淨你的渣滓，除淨你的雜質」（以賽亞書一章 25 節）。

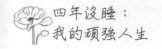
「我從前風聞有你，現在親眼看你」（約伯記二章 5 節）

「那賜諸般恩典的神曾在基督裡召你們，得享祂永遠的榮耀，等你們暫受苦難之後，必要親自成全你們，堅固你們，賜力量給你們」（彼得前書五章 10 節）。

「忍受試探的人是有福的，因為他經過試煉之後，必得生命的冠冕；這是主應許給那些愛他之人的」（雅各書一章 12 節）。

「你將要受苦不用怕。魔鬼要把你們中間幾個人下在監裡，叫你們被試煉……你們務要至死忠心，我就賜給你那生命的冠冕」（啟示錄二章 10 節）。

「我們這至暫至輕的苦楚，為要我們成就無極重無比的榮耀」（哥林多後書四章 17 節）。

「苦難有價值，但並非神期待我們受苦難；只有在基督裡，神可以將苦難轉換為對我們生命有價值的事，使我們的生命，因著苦難的經歷是加分的，而非扣分的」

「苦難不是『善』，但在基督裡，神能將苦難翻轉，來成就『善』」

「因為有一位良善公義的神在維護，在保守著世界（若沒有，苦難就毫無價值）」

「苦難不是終點，卻能帶領人進入最高的視點，看見那位充滿慈愛，智慧與能力的神」

「很多時候，我們只是想解決自己的苦難問題，神卻藉苦難，使我們與祂一起解決這世界的問題」

「有些人會在苦難中學到寶貴的價值與功課，以至於這世界因他而蒙福」

「但有一些人在苦難中就只是忍受著苦難本身而已；關鍵在於，一個人是否認識耶穌，是否在基督裡？倘若是，那麼苦難對他將不是扣分的，相反的，苦難是加分的」

「耶穌說我已經勝過世界，這是什麼意思？注意，他不是說我已經勝過苦難，祂是說我已經勝過世界」

「請問世界比較大還是苦難比較大？世界裡有苦難，苦難在世界裡；所以當耶穌勝過世界，必然就勝過了在世界裡面的苦難了」

「換個角度說，耶穌更是藉著我們的苦難，使我們跟祂一起勝過這世界」

以上是蕭祥修牧師講章重點……。

感悟：想到受苦的人生意義，就想起眾所皆知的蟬蛾需「破繭而出」之道裡……。

信主一路走來，我們總是在經歷上帝賜予的「畫妝的祝福」，「外表包裡難看的禮物」……不是嗎？

然而，將來天上的福分更是值得盼望……。

「我想現在的苦楚，若比起將來要顯於我們的榮耀，就不足介意了」（羅馬書八章18節）。

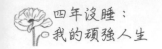

37.屬靈前輩網路分享「苦難的意義價值」

對「苦難」這門每個人終其一生必修之重心課程，以下夠貼切，夠美的詮釋與大家分享：

以下摘錄自網上最珍貴長篇幅的關聯敘述，先敬告知不知名的數位作者一聲，因聯繫不到您，未經您同意全都錄，實在想不出有比這些更美的敘述，也加上些許我的感想……你們的分享鼓舞了我，也必將鼓舞讀者們……若您有意見，請與我聯繫，謝謝。

荒漠甘泉裡提到作者助蛾破繭，致使蠶蛾早早夭折之感悟……。

讓蛾自己掙扎破繭，可把重要體液充實翅膀，才有能力振翅飛翔，他深刻領悟，許多時候，我們看見人們在憂慮、困苦、艱難中掙扎，我們覺得很可憐，我們常願意把神的法則變更給他們屬人的幫助，又感謂曰：「眼光淺近的人啊！我們怎麼知道這些唏噓和呻吟不是他們必需呢？」神的目光深遠與完全的愛，為要叫人得益處，只得不顧憐他們目前暫時的苦楚了；我們父神因為祂愛祂的兒女，所以才施管教，要使他們有分於祂的聖潔，有了這樣榮耀的目的，祂才不顧他們的眼淚，也使祂的眾兒女在患難中學習順服，得以進入榮耀（Tract）。

的確很多時候，我們的心還真軟，看不得人吃一點苦，挨一點餓，尤其看到自己親近的人，更是如此。結果呢？我們得到的是一個沒有經過考驗與琢磨的生命。看看這個社

會，就是最好的驗證。四、五十年代的父母，在得到自己沒有經歷過的豐富，心中想的是給孩子豐盛、沒有失望、挫折的生活，結果造就出什麼樣的下一代？多的是無法吃苦、受凍、挨餓的人（選）；「沒吃過苦頭，歷過磨難，就如沒發育完整的蛾兒，毫無飛翔的能力」

忘了誰說的：「給下一代最好的禮物，就是貧乏的生活」。

想想我們，是否也是容易趨吉避凶呢？是否容易為自己的生命尋求一條寬敞、順暢的大道？而不願踏上崎嶇難行的道路？想想過去的年日，到底是順暢能學較多東西？還是逆境更能幫助我們成長？答案不可言喻。

「其實，屬靈的生命亦是如此，當你沒有經歷痛苦、掙扎，似乎你尚未學到那項屬靈的功課。」以上摘自《學習的清晨》2001／01／09

「受苦能讓堅強的靈魂顯明」，最明顯的特徵就是『傷口痊癒的疤痕』」（E・H・Chapin）。

有時候上帝以眼淚洗滌孩子的雙眼，好讓他看清楚祂的眷顧與誡命。哭過嗎？沒哭過才怪，不只是哀傷讓我們流淚，喜樂同樣能夠催人眼淚，只是每一次的眼淚似乎像壓抑太久的宣洩，流過的心境，讓我們能夠得著重新來過的力量（選）。

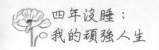
　　感悟：我常告訴學生：「眼淚有釋放與醫治心靈的功效」
應該推翻這句被古時沿用至今之「英雄有淚不輕彈」，勿被
它所鍵入我們潛意識，因為那會憋成酸性體質啊……男生
壽命短於女生之故吧……。

38.苦難是聖經的最佳註釋（ThomasBrooks）

「下次聽到傳道人精彩的講解聖經，記得，除了口才以外，一定他受的苦不比你少」（摘錄自《看看傷痕的清晨》2002／01／09）

一個真正深陷苦楚的人，要他想起將來的榮耀，那真是不容易。在苦楚當中，努力想的只是要如何才能脫離苦楚？哪想得到苦楚之後的榮耀。仔細思想，耐不住苦楚時，還真有點像隧道恐懼症，當通過隧道時，就無來由的產生壓力，無來由的只想趕快脫離那漫長的黑暗，甚至還歇斯底里，無法控制自己（選）。

有人說過，一個人成熟的程度就看他忍受「懸疑」的能力有多久，也就是看他能承受沒有答案、沒有出路的能力有多強。

感悟：

專家研究，一般人所付出的能量，包括體能與智能，只占其身上總能量的百分之七，說到愛恩斯坦也只用了百分之十，所以我們每人身上都配備著大量未開發的潛能，端看每年奧運、世運的破記錄歷史即可知。請記得在磨難中，你的堅持正是釋放生命中所蘊藏的大量潛在能力的時候。電影「露西」一片雖也是屬科幻片，然也是一種假設的可能性創作……影片中演繹若人的潛力發揮至 20%、30%、40%、50%……100%時將可能是如何？……能達至不可思議的狀況……。

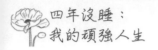
　　無疑的，有些人是比別人更能承受重度苦難與試煉壓力；然而每個人都有他的極限，而且只能承受有限的壓力。

　　主知道我們的極限，祂絕不會允許任何超出我們力量和能力所能承受的困難進入我們的生活當中。神是信實的，必不叫你們受試探過於所能受的；在受試探的時候，總要給你們開一條出路，叫你們忍受得住（哥林多前書十章13節）。

　　「我的恩典是夠你用的」（哥林多後書十二章9節）這是上帝對子民至大的應許。

　　應該說，從重度苦難者出來的人，之後其生活中的力道自然而然必能大於平均值的7%⋯⋯而基督徒呢？加上上帝「加持」，必能有大衛面對高大的歌利亞，並約書亞、加勒面對迦南地「巨人」的巨大信心，去面對生活中所遇到的每個難題⋯⋯。

　　「當我們受悲傷和恐懼所困擾，上帝的愛和眼光必引領我們」

　　「當我們即將軟弱跌倒，上帝會加添我們力量去勝過困難」（Anon）

　　（續摘錄）上帝之賜福，向來是依照報酬率的。凡生活苦、障礙多、困難大者，在這樣的生活中都隱藏著某種報酬。有人在繁華奢侈中生長，無掛礙、無拂逆、一切順利。有人生於貧困，不得不過艱難勞苦的日子，其所受的待遇，似乎是不平等的，但我們都知道他們的報酬之所在，偉大的人格就是在這種環境中產生出來的，精金總是在荒山的勞作苦工中發現的（J·R·Miller）摘錄自《思想榮耀的夜

晚》2005／01

　「如果把我們人生中的苦難全部拿掉，說不定我們的人生是空洞的」

　這是雅各牧師曾經的勉勵：這句對我相當的鼓勵呢……。

　耶穌說·在世上你們有苦難，但你們可以放心，我已經勝了世界（約翰福音十六章 33 節）。

　前述：等候主的人，絕不會被逆境壓倒。
　「信徒只有在面對苦難時，才會產生出鬥志和韌性，最後形成自己的性格」。（靈命日糧）
　基督徒的生活能如松柏，耐得住嚴冬，受得住誘惑，抗得住試煉與苦難，還能結出好果子，必需內心與神有最親密的交通……（選）
　「每個人都用自己的方式踏著那重歸故土的道路」……（哈定《黛絲姑娘》），「然而若能全然依靠主，主必與我們『禍福與共』，並努力執行『任務與使命』，多結果子，屆時，我們將是『光榮勝利的步伐』」……
　葛兆昕於 2015 年 8 月 25 日發表的詩歌〈當祢找到我〉，其歌詞句句讓我感動至深，在此分享之：
　「當祢找到我，在生命的十字路口，祢靠近我，你擁抱

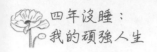

我，從此祢不放手」

「過去的種種，我全然交託祢手中，祢醫治我，祢恢復我，從此我不放手」

「夜再黑，心再疲憊，我仰望祢至聖榮面，我已決定永不後退，祢作為何等榮美」

「祢大能在我心間，我願一生緊緊跟隨，我跟隨祢從高山到低谷，我跟隨祢，即使荊棘滿布」

「縱然面對挑戰，也有眼淚感到疲憊，我要掙脫纏累，永遠不後悔」

「在祢翅膀蔭下，我得保護，祢的話語使我生命得堅固」

「祢應許不搖動，至始至終不落空，未來在祢手中，我不忘初衷⋯⋯當祢找到我⋯⋯」⋯⋯（歌詞句句撼慟我靈）

「原來，上帝愛我們至深到『天涯海角也要把我找回』十字架照出了真實的我，看出這是多麼不等的對價啊⋯⋯（選）

　　我遊蕩於黑夜陰影中，直到主耶穌找到我，在祂慈愛光照中，黑暗離開我居所（Van DeIentry）。

39. 人生的苦難誰來救？

人生有許多課題看來都無可救藥，但上帝祂總有各式各樣的救法（選）。

天父驅走黑暗，給我們白天，在祂易如反掌，那讓雲堆遮蔽天空的，也同樣能毫不費力地恢復無塵的碧空。我們應該鼓起勇氣生活，明天會更好，讓我們為要來的明天高歌讚美神（選）。

「許多事明天將臨到，許多事難以明瞭」

「但我知誰掌管明天，祂必要領我向前」（優美詩歌片段）（Stanphill）。

每日思想上帝的浩瀚宏恩，敖翔在祂所創造的至美宇宙間，思考「生活雖是世界上最難的一道題，或複雜得永遠解不清」，可是卻能讓生活簡單的像一顆透明的水滴，一首詩，一支歌，一朵小花，一隻小動物……做能讓我們快樂得如同仙女一樣飄起來，一直飄向天國……快樂起來的理由千千萬，關鍵是莫忘時刻為自己加油（賈卓穎與韓小蕙美詞）。

每個人都是獨一無二的，是給世人的一份至美獨特的禮物，不能重複的，不可模仿的。

生命是宇宙間最值得欣賞的因素。生命的孕育，誕生和成長，是一種令人無比激動的過程；生命存在本身就是一種希望；生命中的那些成就與失敗，榮譽與恥辱，高尚與卑

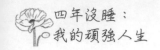

下，純眞與蕪雜，都是一本內容不同的書，或是一幅風格迥異的畫。沒有誰會拒絕生命；放棄自己生命的人若非出於一種大義，便是他的心已先行死亡。每個人都應該知道，活著就是一首好詩（賈卓穎）。

　　上天生下我們，
　　是要把我們當成火炬，
　　不是照亮自己，
　　而是普照著世界；

　　因爲我們的德行倘不能推及他人，那就等於沒有一樣（莎士比亞）。

　　來吧！讓你的詩詞呈獻給上帝，讓祂爲你譜好曲調，必將讓你的人生篇章成爲一首動人的天韻詩歌。

　　@神的學校在我們的日常生活裡，祂沒有讓祂的兒女一天到晚都在奮興大會裡高歌，而是讓他去經歷人世遭遇。

　　@上帝經常以孤獨的曠野，來培養學生獨自思考的心靈，與分別爲聖的心志（二則摘自張文亮教授哲理）。

40.我確信「每個祝福都有重擔相伴」 「受苦是於我有益的」確實無誤……

概述：四年多的磨難是爲了我能承受即將接下來的近四十年的命定的「續攤人生」，整體來說，此生，上帝給了我豐盛的「滿漢全席」……哈……而續攤人生雖也是「魔鬼訓練營」；兩階段的磨難艱難，卻一路磨出了我「意外的收穫」。眞眞讓找在這遲暮之年，意外的出現「斜槓人生」，除了在基督教機構的國中生活輔導裡，以自己過往的「逆境求生」的過程與「果實」與眾多學子們分享，鼓勵並影響他們的生命之外，也在一個行業裡「披荊斬棘」，再三創造出能因「永不妥協」，幾乎沒挫折感的耐力，再三成就如湯姆克魯斯的「不可能的任務」般的事蹟，就如考門夫人所說「有的人如櫻草花，在傍晚（晚年）開出「美麗」的花朵……我已確認那是上帝給我的「任務」……上帝執意要我「年少負軛」，自有祂的美意，有祂的計畫。「人在幼年負軛，這原是好的」（耶利米哀歌三章 27 節）。

　　@當然，除了這四年半的我說的「A 級人間煉獄」之後，加上超過三十年的前述「B 級煉獄」（有機會再聊這吧），這二階段至大至重的軛，已是經歷了幾次死亡邊緣的徘徊，似乎已在我身命中加入了某些看不見的元素，耐力似已異於常人……。也就是重度苦難，總是會把上帝創造我們之初，內建在我們生命本質理的潛在能力激發出來……。

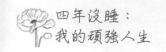
　　上帝祂要我「拆毀」再「重建」，我無言……。

　　祂要我「老我死透」，我順服……。

　　在此應該稍為講述苦難之後的我現今「生活能力」之見證……©言簡意賅的說，如今上帝把我放在一個特別的領域，總是數十年難題未解，甚或房地產屬眾多人禍幾百人共有的©（祭祀公業），又有人強占，或不良居心者虎視眈眈，惡形惡狀，企圖分杯羹外，或另有沒出路的土地，加上百年（釘子戶），皆屬「打死結的毛線團」，我大致上都能如身處制高點，或如看 3D 動畫一般，透視其問題核心；因煎熬多年，稍領悟人性的極限，較能掌握「談判技巧」，並瞭解到一般人所能接受的極限程度，較能如諾曼・文生・皮爾博士所言，找到「切入點」，或「逆向操作」，或「中間切入」，或事先量身訂做、規劃方案，常能如願的套入個案，以至總能切入主題……，……前述石角完爾所言：如果沒有曾經被逼到絕境，奮力求生的經驗，哪能生出顛覆性的思考？……上帝憐憫個案中眾人的困苦生活，也都明顯權利受損，並祂厭惡當今世代「惡人當道」……對這些刁鑽人，大致上能在他們「走一步棋」時，我已走了好幾步（耶穌領路），備好數個方案在等他們；大致上總是讓他「只做選擇題，沒有申論題」，或讓「壞人」「休息」或「無疾而終」……。

　　祂總在個案中的「山窮水盡疑無路」時，在在出現「柳暗花明又一村」，祂的奇妙安排，在在令旁人驚訝……似乎有「公式」，或稱「律」，在我內裡運作，就是上帝安靜地介入了過程……上帝總是讓人看見祂行在我的工作當中，總

看到上帝在做奇妙事。我也都在個案中「伺機」傳福音……
且多方奔波，卻樂在其中……我生性喜歡與人互動，也喜歡
挑戰人性，我以這強項特質，在處理個案時，常沒感覺到時
間在流逝……與之互動業主或關係人都驚訝為何會有這樣
不同一般人的精神耐力，似乎沒有壓力與挫折感一般，甚至
輕鬆看待其中的每個至重難題……基督徒的「特別待遇」就
是「盡本分，其餘上帝負責」，夠幸福了吧？我笑說我的「苦
難的價值」是經歷過一段「不成功便成仁」的人生……一
笑……「你的恩典是夠我用的」（歌林多後書十二章9節）。
所謂：「磨」不死的，必更堅強。引述陶恕博士在《超然的
經歷》一書中所言：「信徒若把才華降服在神之下，神的靈
要使他的成就遠遠的超越其才華本身的極限。」主是幫助我
的，我必不懼怕，人能把我怎麼樣呢（希伯來書十三章 6
節）？

　　我一無可誇，只誇神的大能大力加添在我所願意去行
的事上……靠著那加給我力量的，我「凡事」都能做（腓立
比書四章 13 節）。

　　前述：感謝「折磨」過我們的人、事、物……也是上帝
恩慈所賜……。
　　頭痛得神醫治後……。
　　創傷的痕跡……卻是恩典的記號……。
　　之後漫長人生歲月中，重摔之後，頭骨歪斜，拉扯到身

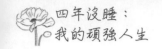
體後背的大神經脈絡交叉構造的大筋脈，加上抱小孩與生活中難免需提重物，使之不能定位而顯脆弱易傷，走位的經脈總是左右輪流拉扯受傷，年紀越長，五官也數次歪斜走樣，兩邊眉毛總呈現明顯高低不平衡。多年來照相館的特寫照最明顯，再如何「擠眉弄眼」，想板回一些也都無效，眉毛眼睛永遠明顯「高低不平」。也因此右腿大筋脈走位，約兩年半無法「坐穩」；就是坐下來右邊「坐骨」不能固定，而使身體滑出椅子，得用右手撐住；深深感慨「能好端端坐正也是恩典」啊！有兩年半幾乎每天半夜就需坐起來用力拍拍打打右大腿外側，因神經抽痛加麻痹⋯⋯。

又經過漫長時間矯正師傅多方「鬆筋」，忍受疼痛後把大筋脈「抓」回來，才又能坐穩。經歷多次，每隔一段時間，就得花費大筆款項「喬」（矯正）筋脈與臉部，才有今天的「稍正點位置」。

也因長年焦慮恐慌，三餐也離不開此心境的匆匆完成，以致在之後至多年的歲月裡，總是胃部脹氣痙攣噯氣⋯⋯。

也滿滿經歷了一生左邊背後肩胛骨下的「膏肓」「酥麻」的歲月，也長年因「落枕」，右手打電腦須以桌面撐住左手。直到這幾年，才得以脫離此情況⋯⋯。此生不停的在與這些病症奮戰無懈⋯⋯我笑說就如「**保羅身上那根刺**」⋯⋯真是不敬，竟比擬保羅⋯⋯上帝定意要這根「刺」伴我一生，我也順服⋯⋯**雖是創傷的痕跡，卻是恩典的記號**⋯⋯。

基督教信仰與眾不同的地方，是明白可以把人生苦難看為是天父給我們的訓練，是暫時的，之後能成為可以送出

安慰、信心與平安的好僕人。

「我們若靠基督只在今生有指望，就算比眾人更可憐」
（林前十五章 19 節）

這句話夠貼切：創造我們的上帝天天等我候我們回到
祂身邊，有時候必須讓我們吃點苦，我們才能醒悟，才能為
我們所擁有的一切向祂表示感恩。

一生的磨難，竟讓我深深感受到，我竟因此而擁有一個
極為豐澤的人生；所以說信主的人，其人生價值總是超越一
般普世價值，也是無可限量的⋯⋯。

蕭祥修牧師：「最堅難的幽谷，其隱密的產業 ——嗎哪，
是個特殊的祝福，神將頒給一塊白石，寫上一個奧祕，只有
你懂，就是要給你的產業」，我已全然體會與領受到這奧祕
了，這句話已嵌入了我靈魂深處⋯⋯。

「恩賜隱埋於傷痕下」（盧雲）

任何一種生命的成長都基於艱難和受苦，未經鍛鍊的
金子，總不能像受過相當的火燒鍛鍊所產生的品質吸引人
的目光（選）。

所謂「命運賜給你的禮物，是你早在暗中下了籌碼」
「無論流淚谷發生了什麼，我都知道祂揀選了我」（司
布真）

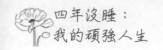
「有個聲音在我心裡呼喚，有個節奏在我內裡脈動」

「每個呼吸，每個決定都為了**祢**，直到**祢**再來那天」

「跟隨耶穌，眼目可以看得更遠，超越今生的短暫，並相信現今的肉身生活並非偶然」（選）

……所以我們既得了不能震動的國……（希伯來書十二章 28 節）

「我們需要一個敢說話的信仰；如果你是從沉船上被救出來的人，你會逢人便述說救你出來的水手和救生艇的故事；你現在有取得天國華廈並且住在裡面的資格，為什麼不把這佳音告訴鄰居，讓他們將來也能在天上做你的鄰居？見證主是讓我們的心靈得沐主恩的方法，見證好像火爐上的蓋，如果開口，火就燃燒；封住口，火就熄滅」（海天）

先輩鼓勵：在我們失去生命之前，在我們還有機會選擇人生的結局，在我們不致永遠失落之前，願您選擇永生，上帝在等您，重生的喜悅也在等您……。

41.搭錯飛機爬錯梯？

「想去澳洲，到了飛機場看到飛機，就搭了……不久……飛機竟然降落在紐西蘭……」

「努力爬梯……爬到頂端，卻發現爬錯了梯子……」那怎麼辦？

葛理翰牧師總整理：人生有二個冒險：一是相信有上帝有天堂，接下來的人生體驗時刻被眷顧的神奇，生命終了時，發現沒有上帝沒有天堂，然你也不吃虧。二是：不相信上帝與天堂，隨己意行事，生命終了時，發現有上帝有天堂，你怎辦？

引到永生，那門是窄的，路是小的，找著的人也少（馬太福音七章 14 節）。

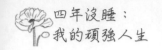
42.重磅真理

然而，嚴肅的「重磅真理」是「人斷氣那一刻，就決定了你的永久的未來居所」……你信仰了什麼，就決定了你的人生價值……。

如果你從未接受主耶穌做你的救主，那你可千萬不要拖延，要相信祂為你死，在加略山的十字架上為赦免你的罪過，而流出寶血，為叫我們稱義並且復活，請祂來住在你的心中，並且相信他曾拯救你，你才能在信心裡，面對著生命大限的來臨而無所恐懼（選）。

「細胞學之父」舒旺發現人體內有神經細胞，至今，神經細胞仍是稱為「舒旺細胞」；但他最大的發現是：「人的心靈比理性（神經細胞）更容易接觸到神」（選）。

我們應該在黑暗的世界選擇光明，在死亡纏繞的社會選擇生命（盧雲）。

「我們能從這麼幽暗的洞穴裡找到另一端走出來，我們會浮現在更高一層的地面，在更清楚更平靜的天空下，看到更寬闊的視野」（選）
親愛的，盼望並相信你懂得……。

43.附註：驚人的生命力實驗

譚卓穎《死前要做的 99 件事》一書中提到，在麻省 Amherst 學院曾進行過一個實驗，他們用鐵圈將一個小南瓜整個箍住，以觀察當南瓜逐漸長大時，對這個鐵圈產生的壓力有多大。研究人員希望瞭解這個南瓜能夠在這個過程中，與鐵圈互動產生多少力量，以便瞭解這個南瓜能夠承受多大的壓力。最初他們估計南瓜最大能夠承受大約 500 磅的壓力。

在實驗的第一個月，南瓜承受了 500 磅的壓力；實驗到第二個月時，這個南瓜承受了 1500 磅的壓力；當他承受到 2000 磅的壓力時，研究人員不得不對鐵圈進行加圈，以免南瓜將鐵圈撐開。

最後當研究結束時，整個南瓜承受了超過 5000 磅的壓力後才產生瓜皮破裂的現象。

他們打開南瓜，並且發現他已經無法再食用，因為他的中間充滿了堅韌牢固的層層纖維，試圖想要突破它的鐵圈，為了吸收充足的養分，以便於突破限制它成長的鐵圈，它的根部甚至延展超過幾萬米，所有的根朝不同的方向伸展，最後，這個南瓜獨自接管控制了整個花園的土壤與資源。

前述：「到頭來，那些受傷處將變成我們最強壯的地方」（海明威）＠人性更是超越這植物實驗之上。

加勒比松樹長得很高，十分健壯。強風、久旱、甚至火

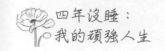
燒，他都經受得了。潘迪（中國作家）說，有一件事它受不了，就是受人呵護。加勒比松若種在一個保養得很好的花園，四周有很漂亮的草坪，它不久就死了。許多水分和肥料對他非但不是福份，反而是剋星。潘迪說，「基督徒就像加勒比松，在繁榮的情況中極易枯萎，很少人能承受『福杯滿溢』。」換句話說，人應該歡迎人生中的災難，因爲它能造就人，使我們更堅強。有時上帝好像是離棄我們，然而那只是祂考驗我們信心的方法。堅強的基督徒，像健壯、耐得住強風加勒比松，每一次的試煉，甚至絕境，亦能使我們受益。（Morning Dewdrops）

「閱讀空氣就是停滯。
閱讀空氣就是毫無創造。
閱讀空氣就是不敢承擔風險」

這「空氣」就是狹隘有限的現狀，就是平常的平淡周遭……然而逆來順受之，或認命且日子渾噩過著……宿命論乎？
@若沒有經歷苦難淬鍊與逆境求生，大抵就只能在「閱讀空氣」中生活乎？
前述：「連死神也怕咬緊牙關的人
因爲在他們身上都有一股十分驚人的力量
那是擊敗噩運之神的重要武器」（選）
「天地萬物，包含我們自己，其實都深藏著無限的潛能

與珍寶，就像尚未精細琢磨的礦石，識寶的人都會知道，在平淡無華的表面，內裡正藏著我們難以估價的寶玉」。選自《感謝折磨你的人》。

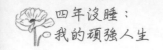

44.「南極探險隊」

　　某年，有一組約二十人的探險團隊，遠赴南極探險。

　　在歷經數月的探險研究，達成艱難任務後，奮力爭扎，欲返回出發時的駐紮基地，要與趁著海面大船航行路線尚未被冰覆蓋，一路奔馳而來載他們回鄉的船會合，然而，一切都太遲了，他們的徒步行程因路上大雪肆虐，耽誤了上船時間……大船載到了其他探險團隊成員後，苦等不到這個團隊返回。再不走，海路將被將被冰封走不掉；為了不想釀成更大的遺憾，必須保障已上船的人員安全，船兒終究啓動開航了，這團隊就硬生生的被留了下來……然而，下一艘船必需在適當氣候的約二個月後才能到來……。

　　獲悉狀況當下，這團隊人員個個一臉驚恐，因都已疲累至極，想像不出自己尚有何等精神體力，面對未來這極地約二個月的艱難生活……各個你看我，我看你，皆是一臉疲乏與茫然……雖食物無虞匱乏……。

　　過往，專家就統整過在極地喪生的人，大致上並非是凍死的，而是先心生絕望，而後才凍死的……。

　　大家這樣無助地過了幾天，團隊中有一位成員開始行為怪怪的，似乎是失常了……。

　　若有熱心人員靠近關切，找他聊天尋樂子，他就反應出心情愉快的樣子；若說故事給他聽，他就更高興……接著，團員就凝聚起來，全員排隊編號，輪流做陪伴，講故事給他聽……每人卯盡全力積極找故事，為了講故事給這隊友聽，

讓他有好心情不致失常⋯⋯。就這樣有故事講到沒故事，沒故事自己掰⋯⋯。

這樣一天過一天，竟不知不覺地度過了最艱難的近二個月。

救援船終於又到了，大夥兒鬆了一口氣，高興地登上了回鄉的船兒⋯⋯。

這些「患難兼救難」的英雄回鄉後，自然而然地向親友們講述這一段精彩的「說故事」歲月⋯⋯頗自豪在艱難生活中竟也「行有餘力」的幫助到他人，讓自己人生留下堪足回憶的雪泥鴻爪⋯⋯。

沒過久，總部傳來了勁爆訊息⋯⋯這位似乎失常的團員其狀況是假裝的，他是團隊裡的隨行醫師，他深知「這時候再不給這些人一些事情做做」，有些人會崩潰⋯⋯。

親愛的，閱讀此文後您有何感想呢？

自己為求活命，可以如那個奮力求生的南瓜，活得精彩；然而，為他人而活的生命，更是豐富了我們自己的生命，不是嗎？

上帝吩咐我們的誡命是「上帝擺第一，他人擺第二，自己擺第三」，嚴肅的說，基督徒的生命是「給與」的生命⋯⋯。

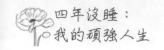
45.學生 VS 上帝 16 個學生與上帝的 Q&A

　　以下 16 則「超智慧的上帝」摘自張文亮教授於園出版的「2021 年校園日誌每日一則」（校園出版社行政人員曾說「只能使用十分之，若更多，則我得自己找您承諾轉載，我卻一直連繫不著您，就只有使用其中精彩的 16 則，感恩」）

　　@學生 VS 上帝。學生與上帝之 Q&A 以下的「我」代表上帝
　　@上帝開的回收廠專收「破銅爛鐵」，回去溫柔耐心清潔、整修，讓世人所棄的，重新使用……。

　　1.學生問：「神為什麼要創造蟑螂？」我回答：「蟑螂喜歡與人同行。牠們從小住在下水溝，卻羨慕一個更美的家鄉，就是你家。」學生問：「神為什麼要創造蒼蠅？」我回答：「蒼蠅可以傳授花粉，幫助糞便分解，減少廢物。」
　　2.學生問：「神為什麼要創造蚊子？」我回答：「環境不當，蚊子就多，提醒人管理環境，人人有責。」
　　3.學生問：「神為什麼創造蚯蚓？」我回答：「神將鬆軟普世硬土的任務，交給蚯蚓，證明鬆軟來自柔軟。」蚯蚓挖的通道，可以幫助大樹的根延伸的更深更廣，使積水的地方排水方便，讓寸草不生的硬土也會成為最棒的好土。軟弱的蚯蚓，是剛強的貢獻者。
　　4.學生問：「神為什麼要給蝸牛背著重重的殼？」我回

答：「雖然慢，卻能爬很遠。」

　　5.學生問：「生活充滿壓力，怎麼辦？」我回答：「壓力之後有神」。

　　6.學生問：「為何自殺不能解決問題？」我回答：「活著才能解決問題。」

　　7.學生問：「如何才能做一個快樂的傻子。」我回答：「不用贏，也可以過美滿的生活。」

　　8.學生問：「人生是不是不要輸在起跑點？」我回答：「不要輸在終點最重要。」

　　9.學生問：「武林最重要的是哪一招？」我回答：「溫柔。」

　　10.學生問：「大學生與小學生的教育，差別何在？」我回答：「前者微調，後者粗調。」

　　11.學生問：「大學教育與神的教導，最大的不同在哪裡？」我回答：「前者知識。後者啓示。」

　　12.學生問：「什麼人最喜歡批判？」我回答：「最不容許別人批判的人。」

　　13.學生問：「憤世嫉俗的人，是不是人才。」我回答：「對世界有意見的人，上帝不會在乎他。世界最在乎一起改善世界，卻不屬於世界的人。」

　　14.學生問：「為什麼許多孩子不愛讀書？」我回答：「課本若太冷，軟弱的胃口吃不下，教材若太靜，不易讓熱情點燃。」

　　15.學生問：「宇宙存在的最大目的是什麼？」我回答：「證明有神」。

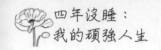
16.學生問:「既然神都知道,為什麼還要藉由禱告告訴
祂?」我回答:「祂要人用禱告與祂建立關係。」

46.也談談進化論……與我的些許感悟……

前些日子總聽到姐妹提到朋友高中老師,與某教授郎郎朗朗上口「我們是猴子變的」……今日閱讀 2020 年 5 月的讀者文摘於 118 頁推薦「好書大家看」一欄,不知哪位編輯介紹麥克尼爾的「瘟疫與人」一書,這短文必定通過總編輯那一關卡……讀者文摘乃為行之有年之國際性刊物……短短一百多字的開頭就是:「遠在我們靈長類祖先還活動在樹上的時候……」,百感交集……可見進化論荼毒全世界人口之嚴重性……我翻出了十多年前的私藏……。

我非專家學者,學養不足,淺博閱歷,竟不自量力,也在這重大議題聊軋一腳,只因在聖靈裡的感動,也是不吐不快啊!若本人所言有誤,盼望諸位專家學者以寬容心多包容,並不吝指教,則感恩不盡,只為傳福音……。

若您早年閱讀過此書,無妨溫故而知新……。

歷史上最嚴重的靈魂大浩劫……現在進行式……。

達爾文開了世人一個大玩笑……。

達爾文(CharlesDarwin)竟然說:「感謝上帝,直到今天我從來沒有淪落成為一個無神論者。」(???)真是夠了……。

引述專家解析《進化論之真相》(原著書名《進化論與創造論的真相》)以下轉載已獲香港天道樓出版社授權

「執」筆三嘆……。

此書(1999 年出版)由安克伯(John Akerberg)教牧

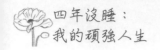

學博士、道學教會思想史碩士、名電台主持人，與韋爾登（John Weldon），比較宗教學學士、道學護教學碩士，二人合著，逸萍翻譯。二人精心研究統整之著作約近二十單元之有關各類熱門爭議題，包括諮商問題、天使、天主教、摩門教、耶和華見證人、印度教、耶穌研討會、UFO、瑜伽、通靈問題、紫微斗數、異端邪……每議題皆在涉獵參考世界各地眾多學者相關論述之後所做總結論，本本內容精闢、範疇博大。本人有幸於十多年前遇見這套著作，若有機會，我則介紹各位參閱之；若您已閱過此書，就當是再回顧一次吧！真盼望更多人了解這重要議題之事實真相……。

英國博物學家、地質學與生物學家達爾文的《進化論》（與華萊士共同創作）膾炙人口，誤導了全世界近半的眾生，到如今，這句「我們的祖先是猴子……」，「我們是猴子演變的」，仍是至多教授們瑯瑯上口的「至理名言」，為何如此呢？讓我娓娓「道」來……。

本見證篇除了期盼能堅固主裡中弟兄姐妹之外，也一起探討達爾文《進化論說》其中之嚴肅課題，當然最重要的是為了也能讓未信主的讀者接觸到我所要引述進化論的過去，與現在的演變之所有真相，且是一般難以接收到的重要訊息。於此轉述，讓眾多「在進化論裡迷失」的讀者有機會了解當今之下的情況，以期解開疑惑。全本書共 110 頁，**我只轉述到第 40 頁的最重要部分，這些內容就差不多讓人扼腕，然也揭開舉世疑問：為何進化論會「顛倒眾生」？**盼望有興趣繼續研讀的讀者上網去找書，早年是香港天道書

樓出版，今已由校園出版社出版，信徒對這區塊多瞭解，對傳福音也應有相當的幫助。

本書可能只在福音書房出售，至多人沒機會閱讀到這偉大論述，此著作真足以開啓我的國家眾多早被進化論迷惑的人之眼界，並能幫他們消除對認識上帝之阻礙，基於此，相信二位愛主的僕人將樂見以下引述，因爲將幫助眾多人們走出似是而非的深沉大海。

感悟：生命的問題極爲複雜，不要被一個生物學家所左右。

科學只能在已有的現象中找尋答案，不能在不知的現象中詢問緣由（選）。

爲知達爾文臨死前桌上置放了聖經，喚了牧師於床前作最後的懺悔，跟牧師說，他想收回這一生的進化論學說，牧師說：「這已不可能，因爲下至幼稚園，上至大學生都已接納了你的學說爲生活的一部分，甚至奉爲『眞理』。達爾文說：「我當時年輕氣盛，凡事好質疑，我只是把進化論當假設而已，沒想到世人把它當眞理」……並說了「請爲我禱告，我對不起人類，請主寬恕我」，立時斷了氣……他在自傳裡寫道：「我認爲原始生命屬於創造的神」。「若沒有一個至聖的原因，宇宙是不可能存在的」。他原是一位虔誠基督徒。他說：「我一生未作過無神論，反對神的存在」。最後他更承認進化論只是他年輕時的一種幻想……然而……。

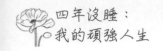

想同時擁有「魚與熊掌」乎？天上、地上的榮耀全都捨不得乎放棄？

進化論早年就再三被專家科學家們推翻了，並且一次又一次發現顛覆進化論的歷史遺跡，上網查即可知。近幾年間又有一千多位科學家群起抗議此番學說，包括基因排序之大不同、找不出他所說的「所有物種有互相聯結關係」、與人不能互相輸血等等……不得不承認達爾文他對世人開了個大玩笑。達爾文長期軟弱，眈於「熾亮的光環」，捨不得脫下「加身的龍袍」，一誤再誤吧？所謂「頭銜、光環，統統變成一種沉重的擔負和自由的障礙」？細思他選擇在僅存的一口氣才嚥出懺悔的這句話，焉知這一霎那，是他經過多少不寐的天人交戰？他的妻子是虔誠基督徒，再三勸他「回頭」，夫妻內心深處總是質疑女兒安妮之死是否是上帝的懲罰？他終究也是懼於地獄的刑罰？是同被釘十字架耶穌身旁的強盜「感召」（臨死前懺悔仍可得救）？他的懺悔應是不同於強盜的死前懺悔。耶穌「點名的那日子」，他同樣要「交賬」的啊……我們真的不知道這筆賬本有多沉重乎……。

前述：「有知識的人未必有明智的判斷力，有智慧的人未必有很強的理解力」……如叔本華、霍金……。

《引述專家解析進化論之真相》（原著書名《進化論與創造論的真相》）

（1）為什麼「進化論與創造論」這題目重要？

「因為最終，人類的起源讓我們知道自己是誰」？

我們是否是沒位格的的物質能量、機遇和時間的產品？我們是否由一位無限、有位格的上帝所創造？這是否為我們存在的意義？這樣對科學、宗教、社會和道德都有深遠含義，也對每個人怎樣看待自己和人生意義都有關聯；沒有人能否認這題目之重要。

如果我們簡單察看進化論在過去一世紀以來的影響，就會更了解這個題目的重要。有時候，有力的理論或意識型態可以影響千萬人的生活，可以影響個人哲理、改變社會和政治機構，甚至領導整個國家的方向。馬克思主義和伊斯蘭教是好例子。進化論是唯物的意識形態，已經大大影響了我們所住的世界。

附註：「進化論」這名詞在此是指「廣進化論」（macroevolution），即認為地球上所有生命都是由無生命物質進化而來或者至少是是一些原始的胚芽，完全是機遇的，又慢慢進步至複雜的生物形態，不是指「微進化論」，（microevolution），或同種類中的微小改變，如混種動物，（例如各種不同的狗）。（P1-2）

「但是如果進化論是錯的，它帶來的影響就出自偏見和有害」

感悟：聖經所述：有一條路人以為正，至終成為死亡之路。（箴言十四章 12 節）

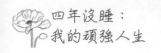
通往地獄之路，都是用善意鋪成的（選）。

（2）進化論的影響有多大？

在人類歷史上，很少理論比進化論的影響更大。1972年，哈佛大學著名進化論動物學家邁爾觀察到進化論將被視為「人類歷史中最重要的思想革命」。邁爾寫了一本達爾文的現代權威傳記《達爾文：一位苦惱的進論者的一生》他指出達爾文「比任何現代思想家，甚至比佛洛伊德（Freud）或馬克思（Marx）更改變我們的自我觀念。」伯德是亞特蘭大一位突出的律師和耶魯法學（Yale Law School）畢業生，曾在美國高等法院辯論創造論和進化論的問題，**他對進化論的批判令人印象深刻**在《再思物種起源》一書中，他觀察到「《物種起源》這一本書不但對科學有巨大影響，令科學愈來愈採用進化論的前段，而且也對人文學科、神學和政府有影響。」卓越的遺傳學家多茨漢斯也被尊為世界上其中一位最偉大的進化論學者，他說：「回顧達爾文後的一百年，**『進化論這想法已經成為人類自我形象之一部分，滲透各個層面。無論明白與否，進化論都已經是大眾文化的一部分。』**」

附註：不明白達爾文的進化論，就不能明白二十世紀。如果理智沒有認同這理論，就不可能有近八十年來橫掃世界的社會和政治演變……這學說助長了二十世紀的不可知論和懷疑的態度……**「它絕對是」改變世界的學說。**

的確一個人怎樣看自己的來源，怎樣看他最遠的起點，

都十分規限他的世界觀，影響他的決定甚至生活方式。

　　@此學說認爲生命是從無機物進化而來，而人是生命進化的產品。在〈美國科學〉一篇文章，邁爾觀察到「人類世界被（進化論）控制了」……（3-5）

　　社會機構、藝術、多數政黨、神學派別、社會學、歷史都教導這觀念，都從中發展其學說……。

　　聯合國也被進化論的觀點控制，正好象徵進化論已影響全世界。聯合國教育、科學及文化組織第一位主管赫克斯爵士竟說組織需採進化論的思路……聯合國祕書助理馬勒也說相信進化論爲基本。

　　然而如果進化論證明爲錯，那怎麼樣呢？

　　相信進化論有想不到的後果。達爾文就是一個例子；很少人知道達爾文如此懷疑自己的理論，他承認這理論「可惜基本是假設的」。當他在有神論與唯物主義中抉擇的時候，在肉體上精神上都受苦。在他最後的日子嘗試逃避上帝，辯衛那他「魔鬼的福音」。

　　感悟：他的「肉體之苦」……讓我聯想到他臨終吐出的懺悔心聲之前，應有的「不寐的天人交戰」，就是攸關「對永遠失去天堂福份的焦慮」啊……

　　續（P6-8）：然而他承認找不到他自己「物種起源」之證據。當時大多數科學家因缺乏科學根據而不接受他的理論。不到三十年，進化論開始有地位，不是因爲有令人相信的證據，卻因爲這正是美國知識份子放棄有神論和超自然主義，而轉向人本主義和自然主義之際。這世界急著迎向達

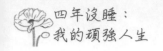

爾文，因為它已「做好了準備」。這是十分重要的。達爾文發表理論後一百四十年，現代進化論科學家仍然不能成功答覆批判者。化石記載完全不能證實物種中間有連環，也沒有足夠時候讓進化發生，也沒有可信的進化轉變作用、數學或然率和科學定律。譬如生物起源說和熱力學和其他科學資料，都顯示機遇的進化論是不可能的。分子生物學家登頓評論到：「自從 1859 年，沒有一個科學或經驗發現可以證明達爾文《廣進化》中兩個基本原理『即（1）所有生物都可以追源於一個本源，整個進化都是一個連環；（2）生物的適應設計是盲目機遇的結果』。」

（3）何謂科學？進化論是否符合科學？

那進化論為什麼起初會被接納？

牛津美國辭典（Oxford American Dictionary，1982）科學的定義，雖然不完全，也算足夠：「一門學問的研究，將一些證實的真理連貫再一起，或者對可觀察的事實有系統的分類，將之綜合為定理，包括在他的領域內用可靠方法發現新真理。」科學工作包括觀察、構成假設、用實驗重複所觀察的、預測結果、比較等……。

運用科學方法的第一件事，是觀察和記錄確定的自然現象，基於觀察的事物構成一個概念（科學假設）。然後，這概念能讓他預測成果，又進行實驗去考驗假設，測定預期的結果是否能重複。如果預期的結果能被證明，假設就得到證實：如果能繼續被證實，「例如得到自己或其他人證實」，

假設就成爲一個理論。理論再經長時間考驗，升級爲「科學」定律。

這個一般人接受的科學定義和科學方法，指出進化論的研究是科學化的，但是進化論本身終極是來說卻是不科學的，因爲他太少（或沒有）「可證實的眞理」或者「可觀察的事實」。微進化或種類中的轉變是可以證實的，但這不是我們一般認識的進化論。（P12）

感慨：六個「不可知」是進化論的基本盤

©懷桑（Wysong）引述進化論學者承認進化論並非可證實的科學之後，他說「進化論不是用眞正科學方法研究出來的。」他們（這些科學家）明白，進化論即「在最初的時候，『不可知』的有機體由『不可知』的化學物組成，這些化學物是在大氣層或海洋中由『不可知』的物質在『不可知』的情況下產生的：這些有機體在『不可知』的進化過程中往上爬，留下『不可知』的證據」。（P13）（蒼天無言……）

前述：＠生命的問題極爲複雜，不要被一個生物學家所左右。科學只能在已有的現象中找尋答案，不能在不知的現象中詢問緣由（選）。

＠科學大師蒙恩信仰神，不是因爲他們科學地位有多麼地崇高，而是他們知道、明瞭自己的軟弱有限。（張文亮教授）

（續）換言之，如果科學有賴於可證實的眞理或可觀察的事實，進化論就不是科學：反之，進化論是一門哲學。有

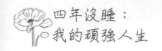

三個科學博士學位的懷爾達・史密斯評論道：正如科庫特
（Kerkut）在「進化論的含義」（Implications of Evolution）
中所說，**新達爾文主義教導七個主要假定中，沒有一個被證
實，也沒有一個可以用實驗來試驗**。如果沒有實驗的證據支
持，整個理論就難以視為科學：如果新達爾文主義七個假設
不能用實驗證明，就應該視為哲學。因為科學研究能用實驗
證明的事務。（P14）

又是感悟：

在此我引用一篇陳雋弘先生的詩句：「一個假設，與一
個實驗相遇的時候，就會出現小小的真理」；然這已蔚為「大
大的真理」的進化論，其實驗證據呢？

他的論說裡連續至多的「不可知」，真不負責任，如此
輕易的愚弄了世人。

這至多的「不可知」正是造物者上帝之「大而可畏」的
神奇與奧祕啊……。

起初，上帝創造天地（創世紀一章 1 節）。我造地，又
造人在地上，我親手鋪張諸天，天上萬象也是我所命定的
（以賽亞書四十五章 12 節）。

耶和華用能力創造大地，用智慧建立世界，用聰明鋪張
穹蒼（耶利米書十章 12 節）。萬物是著藉祂造的，凡被造
的，沒有一樣不是藉著祂造的（約翰福音一章 3 節）。

主耶和華啊！你曾用大能和伸出來的膀臂創造天地，
在你沒有難成的事（耶利米書三十二章 17 節）。

文中說：如果把物種起源抽離了上帝創造說，就可放大自我，以無神論過活，沒有上帝規範的生活倫理道德。

感悟：人們以道德來評論良善，因為，尺無法丈量我們的心（丹榮・皮昆 Damrong pinkoon）。

今天，有人強調道德權利，但人有這個權利嗎？

神是這一切道德權利與義務的根源。要是沒有神，這世界根本沒有道德標準，道德成了個人口味的爭論（選）。

有人批判：有些事情在神所設立的道德標準上根本沒有任何立足之地，但有的政府卻為他們提供了法律保障，墮胎就是一個好例子。

記得恩師雅各牧師說：「不要說『你要依照著你的良心做事』，因為人的良心層次是有分別的，有的人良心很沉重，有的人的良心甚至磅上一磅，是沒重量的」。所謂「心中無神，則目中無人」。因進化論認為人類是由微生物進化而來，那已排除了「道德」論說，那就可以排除倫理道德的規範過活了。

端看今日的世界，不是已落入所謂「無罪的有罪惡感，有罪的人毫無感覺」嗎？良心是人裡頭的聲音，警告我們牆壁有眼（H 孟金）。

其實，要做一個真正的無神論者是尷尬的，因為他不能像一般人常在絕望時呼喊「天啊……」，他不能埋怨天、質問天，因為「……」這位置是空的……

對無神論而言，最痛苦的時刻是當他想到感恩時，竟然

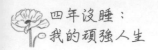
找不到感恩的對象⋯⋯（帝的小叮嚀）

（4）進化論應該視爲已經證實的「科學事實」嗎？

　　法國有名望的動物學家格拉斯，是法國科學學院（French Academy of Sciences）前院長，在他的書《生物的進化》中說：「動物學家和植物學家差不多全都一致認爲進化論是事實，不是假設（他參考了早就被世人質疑的「化石歷史」）。哈佛大學主要進化論學者高德（Steven J·Gould）認爲多茨漢斯基是「我們這世紀最偉大的進化論學者」。他在他的獲獎書《人類演進》中說：目前進化論的證據是基礎生物學的內容⋯⋯。在拉馬克（Lamark）和達爾文的時候，進化論是個假設，現在已經證實了⋯⋯」（？？？）唉⋯⋯。

　　世界著名物學教授，在《進化論的意義》中強調說「已經有人重複地提出充分證據，想知道都可以看見⋯⋯目前的研究中，有機體的進化已經確立爲事實⋯⋯」。（？？？）⋯⋯唉⋯⋯。

　　薩根是康乃爾大學（Cornell University）卓越天文學家，曾獲得普利策（Pulitzer））的作家，一般人知道他是「宇宙」（Cosmos）電視節目主持及撰稿人之一，該節目在 60 個國家播放，全球約 3%人口都是觀眾。《宇宙》精裝本書籍在〈紐約時報〉（New York Times）暢銷書榜達七十個星期之久，可能是二十世紀英文科學書籍中最暢銷的一本。**薩根在書中直說：「進化論是事實，不是理論⋯⋯」**（P16）（？？？）⋯⋯唉⋯⋯。

　　深沉感悟：有句格言：「有些人的心彷彿和好的水泥，徹底的混合並永久的凝固」

　　以上數位學者所說的「證實」來自何處？我心沉重，專家學者可以這樣「混」嗎？他們沒深究更有名望之科學家所證實其站不住腳之論述，他們逕自說了達爾文都沒說過的：「進化論已證實是真的……」，走筆至此我已……欲哭無淚……。

　　續（P15-18）：另一方面，創造論者和其他不支持進化論的科學家爭論，說邏輯上進化論不能視為事實，因為沒有真正證據；「所有生物科學的實有數據都顯示進化沒有在今天發生；所有地球科學中的實有數據，都顯示進化沒有在從前發生；所有物質科學的真實數據，都顯示這完全不可能的。然而，進化論幾乎被科學中所有人接受為事實。」令人無法不發出問題：「為什麼？」讓我們再說，這完全是因為進化論是哲學多於科學，這有什麼含義？

　　加拿大學者卡斯坦斯是人類學博士，寫過一套十冊的《大門論文集》（Doorway Papers）又是加拿大生理學學會（Candian Physiological Society）成員，皇家人類學學院（Royal Anthropological Institute）院士，和紐約科學學院（New York Academy of Sciences）成員。他的評論值得細想。

　　在《進化論：不合理性的信仰》（Evolution：AnIrrationalFaith）中，他說：實際所有正統進化論信念

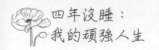

顯然都是極其可疑或根本與事實相反……。這些「進化論的」的錯誤假設是那麼基本，以致整個理論現在得到支持，主要不是因為它的證據，而是「不管它的證據」……。結果大都數學習進化論的人和它的廣大信眾，就是一般人，都停止辯論。因為它不可能被證實，也不可能被質疑，所以向它挑戰的數據也沒有人去管。嚴格來說，這是非理性的……。能挑戰這理論的資料或概念得不到公平對待……。

事實，這位受尊重的學者的意見是：「進化論的哲裡的確已成為一種心態，你可以說它是『心靈的捆鎖』，不是科學態度」……**將數據的解釋等同數據本身，是頭腦混亂……。**

「進化論……損害一般人的智力，又叫判斷力歪曲。」（P18）

感悟：巴菲特合夥人查·蒙格的一段話：「被意識形態綁住腦筋的人，往往變成集體昏庸，集體盲目，最後失去腦袋靈活的自由……」

前述：我們得「避開滑石，閃過深潭，才不致在無知中滅頂」（鄭錫戀）。

（5）科學家是不是總是客觀的？

科學家也是人，所以科學家也會有野心，壓制真理、有偏見、貪婪、抄襲、竄改數據等。泌尿學教授柯恩（Alex ander Kohn，Tel Aviv Medical School）在他的書《假先知：科學

和醫學的錯誤和騙局》（Faise Phophets：Fraud and Errorin Science and Medience，1986），還有布羅德（Broad）和韋德（Wade）合著的《背叛眞理：科學殿堂裡的騙局》（Betrayer soof the Truth：Fraudand Deceitinthe Hallsof Science，1982）中，都證實了此事。

從當代例子中，可以看見很多科學家對創造論有偏見。

阿德勒（Mortimer J Adler，University of Chicago）是當代最偉大的思想家之一，認爲進化論是「流行神話」。加德納（Martin Gardner）在他研究騙局和騙子的書《假裝科學的時尙和謬論》（Fads and Fallaciesin the Name of Science）中提到阿德勒。拉什杜尼（Rousas Rushdoony」博士以哲學家和歷史學家的身分說：「質疑邢神話或者要求證據，會被綁在柱子上，視爲現代異端和笨蛋。」

有三個科學博士學位的懷爾達·史密斯博士的例子。他在學術界花了四十年，有忨目的成就，包括發表了一百多篇的科學研究出版了超過四十本書，曾以十七種語言發行。他討論自己的事例之前，引述了另外兩個例子，有傑出的科學家因爲勇於質疑進化論，而受壓制。

今日的情形是，任何科學家如果懷疑進化論，就很快受壓制，著名天文學家霍伊爾（Fred Hoyle）爵士幾乎要受提名諾貝爾獎，但當他出版了一些書用數學理據質疑達爾文的理論時，馬上就被除名。他的書獲得不良評價。再也聽不到他被提名諾貝爾獎的消息。金特里（Robert V·Gentry）的「暈圈年代鑑定法（halodating method）」也是同樣事件。金

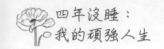
特里用釙的放射性暈圈年代鑑定法測量地球的年齡，**證明了它沒有那麼老**，不像其他慣用方法所得的年齡。達爾文理論主要倚靠一段很長的時候，**這類假定可使達爾文理論無計可施。結果金特里失去他的研究撥款，同時也失去工作。**

就是靠著這類方法，差不多是心裡恐嚇，所以近年的「燃素理論」（phlogistontheory），「新達爾文主義」仍然能夠在出版物中流行。

懷達爾・史密斯博士說：「我是 1986 年，2 月 14 日，牛津大學牛津學生俱樂部作赫胥黎紀念講座（Huxley Memorial Lecture）的講員，我的論文有很好反應，甚至講座與我辯的人都同意。可是直到今天，我仍然不能說服任何有名望的科學雜誌出版我的稿件，他們的評論都一樣，說文章不適合他們的出版宗旨。」

1986 年 12 月，我收到牛津拉德克利夫科學圖書館（Radcliffe Science Library）的詢問，問我是否真的在 1986 年 2 月 14 日舉行了赫胥黎講座，圖書館裡沒有我在牛津學生俱樂部的辯論紀錄，辯論內容也沒有官方紀錄，沒有全國性的報紙、電台或電視台提過半個字。**目前對達爾文主義科學的批評，或提出替代的論議，都完全被壓制。**（P19-22）

正如柏格曼（Jerry Bergman）博士和其他人所記錄，有幾千個對創造論者的歧視個案，譬如勝任的科學老師因為教導「宇宙來源」的兩個學說，而被辭退；很有資歷的科學教授因為拒絕聲明進化論，而取不到長期雇用權；學生的科學博士論文因為支持創造論而未能通過。又如學生因為向

進化論思想挑戰而被逐離開教室。

　　傑出的律師伯德是《再思物種起源》的作者，他評論道：大多數高等教育都是教條式的，不合理性的肯定進化論，壓制創造論，不是基於科學證據，而是漠視證據。他正確指出進化論的權力體制「缺乏寬容」、「過分激烈」和「不公平」。他又說：「因為不能寬容而否定長期雇用權、不予續約、不頒授該得的學位、不接納進入研究院，還有其他個案，歧視少數人勇於反對這個流行的教條，膽敢肯定創造論……。」

　　當伯格曼博士為《唯一準則》（The Criterion）一書做研究的時候，採訪了超過一百位創造論者，他們至少有科學碩士學位，大多數有博士學位，甚至有諾貝爾獎得土，有些有幾個科學博士學位。他說：「然而，全部人都報告受到某種程度歧視，沒有例外……**有些歧視事件的程度，明目張膽和後果都是很嚴重的，甚至有死亡恐嚇。**這一切事情中的虛偽是清晰可見的。」進化論的權力體制要求言論自由，卻不讓反對的人有言論自由。哈佛的德懷特（Thomas Dwight）博士評論道：「**門外漢完全不知道進化論的專橫怎樣壓倒一切。**」今天在我們的學院和大學，基督教信仰整天被嘲笑，憲法被批評，婚姻制度被輕視，道德觀念被懷疑，但是不知道為什麼，進化論卻視為神聖。芝加哥大學的肖雷（Paul Shoray）教授評道：「**今天沒有一事能像進化論可以完全避免批判。**」（P23-24）

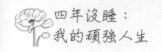

感悟：綜觀至多進化論學者，總是有相當程度的傲氣……。

令人想起當年的「習森科主義」

1920 至 1950 年末期，以蘇聯爲主的共產世界國家信奉一種特殊的生物學理論，這套理論是由蘇聯遺傳學家李森科提出。他否定我們今日所熟知的孟德爾基因遺傳理論，主張基因不存在，認爲生物是透過外在環境之改變而加以改變。所以透過環境操控，就能改變動植物的特性，並將之傳到下一代。此一理論受到當時蘇聯獨裁者史達林支持，官方更隨而將李森科的理論定爲唯一正確的眞理（實質共產國家模式）。其他主張孟德爾基因的科學家紛遭受害。直到赫魯雪夫上台，批史達林個人的崇拜以及其專制政策，李森科主義的錯誤才得以被糾正。然而大批的遺傳學、農業學家卻已早已喪命勞改營中，誠爲科學史上一大浩劫。同樣是人，而這個恐怖的以政治意識作爲科學立論依據的行爲，則被後世稱爲「李森科主義」。（Lysen koism）（轉載自「自時」）

感悟：

比起進化論，它所影響的層面較小，期間也較短，雖多人喪命，然因進化論被逼迫與影響之廣闊與深遠，**其讓舉世靈魂墮落**，更可形容是人類史上最嚴重的浩劫。如今教授學者們總是琅琅上口「我們是猴子變的」，已不足爲奇，因爲他們都接收了什麼訊息，而接收不到（或拒絕）什麼訊息，然也因「人在江湖，心不由己」，以致難以在人生歲月裡深

度思考生命核心問題……是因「進化論代表現代化」，下意識不想被排除在這時代潮流的浪潮尖端裡乎？……抱歉，在此消遣一下：江湖乎？漿糊乎？科學界也如此泥濘乎？……

請問你願意面對猴子稱牠為祖先嗎？

上述見證裡提到「靈」的層面。先輕鬆一下吧……**雅各牧師早年論述：若動物具備有人的靈魂，則牠們將會因沒穿衣服而羞愧；豬兒若具有人的靈魂，則會揪眾豬兄弟遊行抗議人們的宰殺……你說呢？**

附註：動物的靈為較低階，卻非屬上帝賦予人類尊貴之靈。

（6）為什麼唯物主義科學家接納進化論？

創造論科學家總結之一：我們有一個心照不宣的假設，即使講到宇宙的起源，科學也也必須根據自然論。老早就是這樣決定了的。唯物主義科學家捫心自問的時後，雖然覺得難以想像地球所有生物都是隨機來自無生物，但是他們覺得上帝的創造更難更難相信。對於這些科學家而言，不管有沒有科學證據，都必須接受進化論的哲理。但是這種做事方法明智嗎？理想的科學本該是用客觀方法尋找真理，而不管找到的是什麼。如果科學是指向創造，無論個人是否接受它，至少要如此承認。傑出的太空科學家波朗博士是土星火箭的設計者，也是最早研究太空穿梭機的人之一。他是相信科學和創造者是和諧的眾多科學之一，請看他的評論：由人

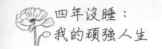
駕駛的太空船是一項驚人成就，但到目前，它只是對可畏的太空打開了一個小小的窗戶，從這小洞去窺視浩瀚神祕的宇宙，只有證實我們相信的創造主。**我難於明白那些科學家怎麼不肯承認，在這宇宙背後有一位高超智力存在，正如我不明白神學家否認科學的進步。「實在沒有科學理由支持在我們用望眼鏡、迴旋加速器和太空船探查祂的創造之後，上帝對現代世界就失去了意義，不及從前。」**

1969 年乘坐阿波羅 11 號登陸月球的三位太空人之一的艾德林（ALDRIN），其登月之感慨，引用詩篇第八篇 3-4 節：我觀看你指頭所造的天，並你所陳設的月亮星宿，便說：「世人算什麼？你竟眷顧他？」令人感動！

克拉克和貝爾斯博士在《科學家為什麼接納進化論》中說：「很多人接受進化論是因為除此之外，唯一選擇就是創造主。」換言之，如果進化論不是真的，唯物主義科學家就會為上帝存在的含義感覺不安，因為他們不願意接受上帝創造萬物的觀念：「他們高舉任何假設來支持進化的理論。」（P25-26）

所以很多坦白的科學家承認相信進化論的原因是哲學性的，不是科學的。諾貝爾獎得主、哈佛大學生物學家沃爾德博士曾經坦白講過的話，最好用來證明這點：「你只需沉思這工作的巨大，就會承認有機體自然發生論是不可能的。沃爾德講到真正的原因：「相信生物自然論是合裡的；此外唯一選擇就是要相信一次重大的超自然創造，沒有第三個選擇。因此一個世紀以前的科學家選擇以生物自生論為哲

學必要基礎……。大多數現代生物學家都滿意看到生物自生論假設失敗，但是仍然不願意接納另外唯一選擇──創造論，只好什麼都不選擇。（P27）

另一個科學家范納也承認：「不必再繼續討論，讓我們承認：進化論的成功不是因為它的證據，因為甚至最普遍公認的事實也不是毫無矛盾；它的成功是因為它支持科學家的科學唯物主義『教條』。」

科學家莫爾曾作如下承認：「當我們審查我們（對進化論）的信念原因，發現是想要排除創造論，就是我們認為是神蹟的事」，要證實一個已經被接受的理論，大多數這些原因都是次要的。」（P27-28）

（7）怎麼可能這麼多科學家都錯信進化論？

科學歷史告訴我們，曾經有多次大多數科學家都確信的某一個理論，竟然是錯的。還有，討論創造論和進化論的時候，很多科學家似乎思想封閉；為什麼因為科學家決定要支持進化論的意識形態？每當人立定心志要以某一個意識形態為哲學基礎，就不願考慮其他觀點。的確，有幾個原因可以解釋為什麼接受進化論的科學家可能是錯的。我們只列舉其中四點。

如果錯以為沒有其他合理理論可以取代，就可能接受一個錯誤的理論。

一個錯誤的理論可能被人接受，因為科學事實可能被誤解，或者勉強去符合一個理論。

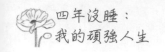

因為一般人的支持，科學家就假設這個理論是對的，所以錯誤的理論可以被接納。

錯誤的理論可以受科學家接納，因為他們喜歡它的哲學含義。

例如，**很多唯物主義科學家也是無神論者**，所以非常高興接受接受自然進化論的無神含義。進化論的目的正是不依賴上帝來解釋事情。還有，科學家也是人，**如果人心自然傾向逃避上帝，進化論當然受歡迎**。

很多現代科學家似乎都滿意指出，有了進化論之後，就不需要再考慮上帝。這就讓我們懷疑這些科學家有更深一層動機，所以希望進化論是真的。例如多茨漢斯基在《遺傳、種族與社會》（Heredity，Raceand Society）中評道：「**大多數人歡迎進化觀點的科學證明，因為覺得他可以『解脫靈性束縛』**。又盼望它帶來更美好的將來。」正如赫克斯利在他的書《目的與手段》中承認：我的動機是希望這個世界沒有意義：所以假設它沒有，於是為這假設找到滿意的理由，一點困難都沒有……。那些覺得世界沒有意義的哲學家並非純粹關心形上學的問題；他們志在證明沒有什麼確實的理由令他們不可以任意而為，或者他們的朋友不能奪取政治權力，不能按照他們最有利的方式來管轄國家……。至於我自己，以致毫無疑問我大多數當代人，生命毫無意義的哲學主要是解放（性行為和政治）的工具。（P29-36）

感悟：人們已找到一個長期以來浮動於內心深處的念頭：「排除上帝無所不在」的「監視」，誠如上述「解脫靈性

束縛」。

　先知撒母耳因為百姓乖戾、不願心向神，讓他多方困擾，大大挫折他的理想，他就前往他的避風港，他知這是人們心靈破碎與勞苦擔重擔人的最大安慰；神安慰他說：「**他們不是厭棄你，乃是厭棄我**」。（母耳記上八章 7 節）**當今時代有一種精密儀器，只要按下控制開關，即可使音波尚未到達人耳之前被消除掉**，從而減少人們所受的壓力，其有效範圍是二呎，在這範圍之內的聲音雖不能百分百被消除，但百分之七十五能夠有效地被過濾掉，於是便造成一個寧靜區域，其功效就像把門關起來一樣，將聲音關在區域外。這種儀器有許多妙用，當一個人在夜裡睡覺時，把這儀器安置在頭上，可以免受雜聲的干擾；若把這它安裝在發出噪音的機器上，可使工人免受機器震耳欲聾之苦。應該是比汽車消音器更先進的發明。人們厭棄神，找到了進化論，藉此把神「隔離」在外，以保有他的「安全區」（選）。如此一來，就可以不受上帝的「聲音」干擾，也是另類的「埋首沙坑」的駱駝心態。

　　我們面對其他人時，

　　可以隱藏言行思想，

　　但卻沒法對主隱藏，

　　他深知我們的一切。Cooper

　　上帝在天上聽見我們在世上所說的每句話。

　　到如今，美國的自我本位主義發揮到淋漓盡致……

　　這「強度的自我主義」已致使約五十歲以下的年輕人在

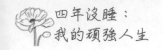
各職場足令主管上司招架不住，包括自以為是、難以教誨、耐性不足、易挫折感……以致至多企業不太願意聘請四十歲以下的員工，甚至五十歲以下。

（8） 或然率和進化論的關係──
這是不是進化論比創造論成為更大神蹟？

即使科學家也同意，萬物都來自無有的想法是難於接受的。當現代科學家愈來愈發現生物界的複雜是無可形容的，同時也不能解釋無生源論（生命來自無生命的理論），生命來源的奇妙更是顯而易見的了。可以說「神蹟」這個詞，已不再限於創造論的意識形態。

諾貝爾講得主，生物化學家克里克博士評論道：「一個誠實的人面對可以得到的所有知識，只能說，在某程度上生命的起源似乎是一個神蹟，**必須滿足那麼多條件才能發生。**」

和霍伊爾一起研究的威克拉馬辛奇（Chandra Wickramasinge）說：「流行的概念以為只有創造論者才依賴超自然，相反，進化論者也是，**因為生命能夠憑機遇構成的或然率是這樣低，以至生物自生論需要『神蹟』，正如神學裡論一樣。**」

按照受人尊敬的薩根和其他突出的科學家估計，人能在進化中出現的機會是 $1 / 10^{2000000000}$（次方）的機會。以下所有小的阿拉伯數字應該掛在 10 的右上角表明「次方」，這數字有二十億個零隨在後面，可以印出二十萬本本書大小

的書。**按照波萊爾定律（Bore1'sLaw），這就是等於沒有機會**。的確，這個機會是無限小，是無法想像的。所以爲了討論，讓我們用一個對進化論更有利的數字：如果這個機會是 $1/10^{1000}$，那又怎樣？即使這個數字在**波萊爾的機遇定律** $1/10^{50}$ 之上，低過這個數字的事情不會發生。

舒曾伯格在「數學和新達爾文理論」中計算進化論基於突變和物競天擇的或然率，和很多著名科學家一樣，他的結論也是說，這是「不可想像的」，因爲機遇是零。

進化論科學家說，即使 $1/10^{15}$ 也「簡直是不可能的」。所以他們怎麼可能相信小於 $1/10^{1000}$ 的機會？畢竟 $1/10^{1000}$ 是多麼小呢，他是很小的，$1/10^{12}$ 是一萬億之一的機會。

在辯論而言，如果萬物起源只有兩個可能，反駁了一個，就是證明了另一個。如果某事件只有 A 和 B 兩個可能解釋，如果 A 被反駁了，就只有 B 會被認爲是原因。如果進化論的或然率事 $1/10^{1000}$，那麼創造論就剛好和它相反——它的機率就是 99.9（之後還有 999 個 9）。哈佛大學的進化論學者沃爾德說，99.995 或然率就等於「幾乎無可避免」。那麼，創造論可能發生的或然率就是 999.999999999999999「再加上 985 個 9」，那又怎樣呢？

毋怪乎我們聽到著名天文學家霍伊爾爵士承認說，高等生物從進化過程而來的機會，相當於「龍捲風掠過廢物場，而能夠用裡面的材料組合成一架波音 747 飛機。」（P37-40）

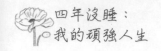

各位心情沉重否？

本書尚有 9-18 共 10 個精彩單元，我順序列出，讓各位思考，有興趣者可買本來慢慢咀嚼。

9.生物的設計和準確怎樣影響進化論？

10.有沒有科學家相信進化論損害了科學？

11.相信進化論或創造論是不是同樣需要信心？

第二部分科學與創造

12.用唯物主義態度研究科學，有什麼問題？為什麼創造論可以是有科學的根據？

13.創造論是不是只屬於宗教？

14.有沒有進化論科學家認為創造論更有證據？

第三部分進化論的後果和含義

15.進化論怎樣影響人對上帝的信心？

16.唯物進化論的個人哲學含義是什麼？

17.進化論的信念近年帶來什麼社會和政治後果？

18.進化論怎樣影響人解釋聖經？聖經怎樣教導生命的起源？

結論：個人懇談……。註釋。

引述《創造論與進化論真相》至此。

附註：根據史實，很顯然，如果沒有達爾文，進化論依然會出現。

因他非進化論的創始人。在他之前，已有人提出了類似的假設，如法國植物學家拉馬克，以及達爾文的祖父伊拉茲馬斯·達爾文（也是物種學家）。但這些人的假設沒有被科

學界接受，因爲對於何種方法促成了進化發生，他們沒能給出令人信服的解釋。英國的華萊士因爲達爾文之論說找上了他，兩人志同道合，理論相似（選）。

雖然二人把著作大綱融合爲一篇論文交給一個科學團體，卻未引起人們注意。然而，幾年後達爾文出版的《物種源始》卻引起轟動。此書出版，爭論達到最高潮。該書提出了一個思想：人是由類人猿進化而來……。

一八八二年達爾文去世時，**大多數的科學家已經接受**了達爾文的基本觀點。即使在世俗世界，達爾文的學說也在很大程度上改變了人類對於周圍世界的看法。人類再也不能像從前那樣在自然界中占據中心地位，而把人類視爲眾多物種的一類。（他說「可能」也是植物進化來的）（無言）

（以上三段摘自「影響世界歷史的一百位名人——麥克哈特（Michael H·Hart）著作 2000 年晨星出版社出版」（p86-87）。）

感悟：

人到底有何意義與尊嚴可言？不管我們如何玄想自己的存在意義，都只是虛假，因我若到底是有尊嚴的受造者，還是宇宙中無關痛癢的副產品？假如人只是偶然從泥巴裡出現，終有一天會歸於幻滅，那麼我們從出生到死亡，以及當中經歷的一切，出於虛無，連我所思所想的一切，都只是虛無（選）

聖經所載能知悉上帝賜予人是如何尊貴無可取代的地位……。

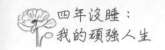
　　詩人禱告：求你保護我，如同保護你眼中的瞳人（詩篇十七章 8 節）。詩篇九十一篇整篇道出上帝隨時看顧每個信靠祂的人，慨嘆此等人們不願身為上帝眼中的「獨一的嬌兒」……。

　　以下摘錄自亨利‧莫瑞斯（Henry M Morris）著作「信仰與科學（二）」之片段。（審核：楊摩西，國際福音神學布道會發行（紐澤西）天恩出版社出版）（此段摘錄約 400 字。久久一直聯繫不著天恩出版社相關行政人員，我就直接轉載，若出版社有意見，請再聯繫我補辦轉載手續）

　　一九九九年堪薩斯州州立機構之一次決議，決定不要特意把全部的進化論強行規定設立在公立學校裡，進化論者表現出的反應類似偏執狂。

　　堪州州立機構之決議，造成一陣幾乎是難以置信的歇斯底里流行症。這現象進一步證明創造及進化的問題基本上是一場屬靈的爭戰。從來沒有一個科學的問題會引起這樣一連串地責罵及猛烈的抨擊。堪薩斯州當局的原意是欲緩和有關提高公費學校科學水準的進化論點。進化論者認為所有的青年均應相信進化論，尤其是要進入大學前一定得接受這論點。（P43、64）

　　在正式的科學辯論會中，創造論者永遠戰勝進化論者，但進化論者從不認輸。如果千百個從立過案的大學獲得科學碩士學位以上的創造論科學家們，對科學是如此的盲目無知，那麼他們究竟怎麼在所有正式的科學辯論中贏得勝利，駁倒進化論者的呢？（P45）

進化論者不相信人有靈魂。（P49）

在整個人類歷史上，還沒有人以任何文件引證全面進化論發生的案例。創造論者曾在數以百計的正式辯論中明確地擊敗進化論者。因為創造論者提出典型的科學證據，支持創造起源，而對方進化論者卻提不出任何進化發展的證明。我們從未看到發生於近代的任何進化，無所不在的化石記錄也看不到化石結構顯示出過去發生的事件。熱力學函數的宇宙定律（宇宙趨於一致性的傾向，甚至是以「公開系統」而言）均指出進化是永不可能發生的。（P65）

另一方面，進化可以根據經驗而檢定，因為進化可以在我們現在的日常生活的自然過程中觀察到。事實上進化論曾多次被測驗，但均告失敗。數以千計的嘗試在實驗室中企圖以突變及物競天擇、適者生存的方式產生新種或新個體，但卻全不成功。**這些試驗只產生「不完善」及「滅絕」，而從不能產生新生物或有新生活能力及較複雜的新種生物。這只能說進化是被科學理論、科學方法及經驗方式所否定的唯一理論。**

進化論的偽科學世界觀並不擁有實在的科學證據（事實上是與科學證據背道而馳）。（P68）

自從達爾文死後，進化論的花園裡並沒有玫瑰盛開。這位偉大長髯鬍鬚者的一些理論，已經被狂人、政客、社會改革者，以及所謂的科學家們所劫持，用來支持種族主義者和各種固執的偏見。這條直線劃下來是從達爾文一直到納粹歐洲滅絕人性的集中營裡。（P50）

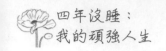
查爾士・達爾文（Charles Darwin）原本不會接納他所種的樹上結出的一些果子，然而，正如主耶穌所說：「憑著他們的果子，就可以認出他們來……好樹不能結壞果子。」（p51）（馬太福音七章 16-18 節）……**摘錄至此**……

感悟：

然而根據史料，達爾文在末後一段滿長的時間裡精神不太穩定，事實他受到至多基督徒的抗衡，因責怪他破壞基督信仰的基礎，也帶來了人們削弱基督信仰情感之作用。焉知他臨死前的懺悔是他內心長期的天人交戰？前述他向牧師懺悔，並表明想收回他的理論，牧師告訴他已不可能，全世界至多人已把他當真理了。他應該知道他已「闖下大禍」了，算是闖下「不可逆」的大禍了……**誰人能經得起長期內心深沉的良知控告？精神狀況不瀕於崩潰才怪**……。

自我良心的懲罰是最重的刑罰（傑佛遜）。

因著「英雄無力可回天」，最後他的「人生哲學」，唯有退到了「不可知論者」，等於間接告知世人，他「不確定自己的進化論」。唉！「玩笑」開太大了……。

然而，對於現今仍執著於進化論的人，我們聽聽保羅明智的教導：「然而，主的僕人不可爭競，只要溫溫和和的待眾人，善於教導，存心忍耐，用溫柔勸戒……」或者上帝會給他們悔改的心，叫那已被魔鬼任意擄去的（前述創造論與進化論為屬靈爭戰），可以醒悟，明白真理，脫離它的網羅。（提摩太後書二章 24-26 節）

順便談一下約二十年前看過一科學報導科學家宣稱

「宇宙已擴展到極限」……我說：極限之外又是什麼呢？殊不知天地的長闊高深爲何？而時間是「無始無終」，是「從永遠到永遠」。

前述：「天是我的座位，地是我的腳凳」。（以賽亞書六十六章 1 節）「東離西有多遠，祂叫我們的過犯離我們也多遠」。（詩篇一百零三篇 11-12 節）「天離地何等的高，祂的慈愛向敬畏他的人也是何等的大」。

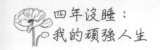
47.外星人的功德？

最近網路分享的一個影片，本人依照內容所述照實轉述……。

關於 2013 年俄羅斯殞石事件，到底是什麼拯救了地球？

這無疑是一件震驚全球的「天體」墜落事件，一顆直徑大約十七公尺、重達 7000 噸的殞石，以 54 馬赫的速度飛向地球，在距離地表 24 公里處發生了劇烈的爆炸，形成了所謂的殞石雨，傷及眾多人與建物。爆炸區正好臨近「馬亞克核燃料區」……。

令人匪夷所思的是，這場爆炸到如今仍是一個謎，因當時強國所擁有的導彈最快速度不超過十馬赫，任何防空導彈都無法攔截這顆殞石。如果有導彈可攔截這殞石，那麼其方向也應該是由下而上的；然而，就在殞石距離地表 24 公里時，一個神祕的物體以 54 馬赫的速度「追了上去」(意思是同方向)，並猛烈撞向了殞石，將其摧毀，同時發生爆炸，而且就此人間蒸發。事件一出，網路嘩然「到底浩瀚的宇宙中誰拯救了地球？」甚至猜測是「外星人拯救了地球」……。

唉……當我們多年來從眾多各方面文獻與領悟，真實能明白所謂「外星人」的真面目，絕非一般世人所認為的「高智商、高科技並擁有仁慈心」的「生物」……「牠」絕對是「眾撒旦如假包換的真身」……三言兩語道不盡，盼望後會有期再討論……。

二分法：宇宙是誰創造的，祂的此般高超能力，在此時也自有其拯救方式，這創造者若認為地球「命尚不該絕」，祂自會出手……。

@馬赫為計算音速單位，大約每小時 1225 公里

@科學界大多數的開路先鋒，都把科學研究視為學習神的思維來思考。（選）

@科學的實驗只能測量物質，神是個靈，所以量測不到，科學所能量測的都不是神。

@真正的科學家所知有限，不會反對他所不認識的，而是持續尋求。

@人生的意義不是科學可以實證的事，而是牽涉到宗教信仰，關乎價值觀。

@神學曾經是科學之母，但會不會這位充滿智慧的老母親，今天被大學院校所遺棄，只是被安養在神學院。

以上四則摘自「2021 年校園日誌」（張文亮教授哲理）

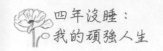
48.美國今日所有大學的前身
皆為基督教神學院

美國是以基督教立國的國家，美鈔上印的是「我們相信上帝」（In God WeTrust）

萬物都是上帝口中創造，上帝祂開口說有就有，唯有人是上帝用祂手中的泥土「照祂的形象造的」，並且再將生氣吹在人的鼻孔裡，使他成為「有靈」的活人。（創世紀一章26-27節，二章7節）神的形象是人受造的根源，所以若要認識正確的「自我形象」，就要從「神的形象」來認識。

然而人受造之初到如今已是年代久遠，因生活環境演變，這靈已複雜化。

感悟：自從造天地以來，神的永能和神性是明明可知的，雖是眼不能見，但藉著所造之物就可以曉得，叫人無可推諉（羅馬書一章20節）。

人們總是說：「這只是大自然啊！為知所謂『大自然』就是神蹟啊！」

常有人說基督教的神太霸道，叫人只能信祂，不能拜別的神（申命記五章8節），做個比喻：「親生父親叫我不能去認別人為父」，這哪有過分？

又為何上天堂只能透過耶穌？約翰福音十四章6節，耶穌說：「我就是道路、真理、生命，若不藉著我，沒人能到父那裡去」。

使徒行傳四章 12 節：「除祂以外，別無拯救，因爲天下人間，沒有賜下別的名，我們可以靠著得救」。

@這個「天路歷程」確定沒有所謂「殊途同歸」的機會……。

前述：所謂眞理，就有它的絕對性。

聖經所載能知悉上帝賜予人是如何尊貴無可取代的地位……。

前述：以賽亞書四十六章 3b-4 節：「你們自從生下，就蒙我保抱，自從出胎，便蒙我懷攬。直到你們年老，我仍這樣；直到你們髮白，我仍懷攬。我已造作，也必保抱；我必懷抱。@主所應許的尚未成就，有人以爲祂是耽延，其實不是耽延，乃是寬容你們，不願一人沉淪，乃願人人得救（彼得後書三章 9 節）。

@聖經說：「這天國的福音要傳遍天下，對萬民作見證，然後末期才會來到……」（馬太福音二十四章 14 節）又是怎麼說呢？「所以你們要去，使萬民做我的門徒」……（馬太福音二十八章 19 節）親愛的兄姊們，別忘了當初你是如何得救的……。

保羅在哥林多前書一章 21 節說：是人憑自己的智慧既不認識神，神就樂意用人所當作愚蠢的道理，拯救那些相信的人，這就是神的智慧了。也就是「只要相信」，超越學問、財富、地位……種種條件，這立基點道破了所謂「眾生平等」。就是「心裡相信，就可稱義，口裡承認，就可以得救」（羅馬書十章 10 節）。且聖經平易、易讀，也非某些宗教

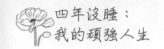
經典之晦澀難懂。

「**我們需要一個敢說話的信仰**；如果你是從沉船上被救出來的人，你會逢人便述說救你出來的水手和救生艇的故事；你現在有取得天國華廈並且住在裡面的資格，爲什麼不把這佳音告**訴鄰居**，讓他們將來也能在天上做你的鄰居？見證主是讓我們的心靈得沐主恩的方法，**見證好像火爐上的蓋，如果開口，火就燃燒；封住口，火就熄滅**」（海天）

先輩鼓勵：在我們失去生命之前，在我們還有機會選擇人生的結局，在我們不致永遠失落之前，願您選擇永生，上帝在等您，重生的喜悅也在等您……。

前述：©恩師雅各牧師說震盪我靈魂的一句話：「若我們都不必死去，那我們的『歷代祖先們』，經戰亂、車禍的、中風、重病的，卻都還活著，全部『齊聚一堂』在我們大廳裡，頭震軀顫，手抖腳擺，想想這是什麼畫面啊……前述：『死亡是上帝給世人的一大禮物』。」

至於基督教是否被科學推翻一事，基督教確實有幾點易被攻擊，例如「人死不能復生」一點。假如科學眞的證實了宇宙之神無法叫自己的兒子復活，基督教當然沒立足的餘地。但科學家只能說，在正常條件和標準程序下，人死不能復生，除非他們可以推翻神的存在和基督的復活，否則他們不能駁倒基督教宣稱的事。（選）

@科學與信仰張力最大的地方，在於宇宙生命的起源。若科學證明世界並非被造成或宇宙是永恆存在的，基督教

才會倒下，但這都是完全不用擔心的。（選）

人有限的神觀遇到無限的神會產生張力，導致困惑。困惑乃是成長必經的過程。然也勿以神學思維對科學理論遽下定論，這是我們盡意愛神的方式。（選）

神的邏輯太深，非祂所創造有限的我們，其腦袋所能擠出的邏輯可想像得出。基督教不是理論的宗教，是體驗的有神信念；把一個不相信上帝的人駁倒了，他也不盡然會相信。

死亡雖是痛苦的割捨，然而，我們不要懼怕死亡，彼岸並沒有殘忍的首領，報復的仇敵或暴君等著我們，而是一位慈愛，赦免的神，熱切迎接我們回（盧雲）。

原來上帝把永恆的意念放在世人心中，單是物質富裕，不能使人滿足，親愛的，你渴望永生嗎（選）？你們要謹慎自守，免去一切的貪心，因為人的生命不在乎家道豐富（路加福音十二章 15 節）。

只對今生預備，卻對永生毫無關心的人，是聰明一時，糊塗永世的傻瓜。（上帝的小叮嚀）

前述：唐崇榮牧師所說，我們不能直到生命終了時，兩手一撒：這是怎麼一回事？

死亡是「返家」的過程（盧雲）

以下轉載自「智慧的造物主」（Morning Dewdrops）
(1) 宇宙設計之神奇：

紐約科學院前院長莫里遜博士說，我們能用數學證明

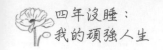

宇宙的造物主非但思想精密，更可斷定其智慧之完備無人
能出其右。地球循其軸心以每小時一千哩的速度自轉，如果
速度減低爲每小時一百哩，那麼白晝和黑夜的時間都得較
目前增長十倍。地球若不是被烤焦了，再不然就被凍結了，
在這情形之下，植物絕不可能生長。他繼續說，太陽表面的
溫度是華氏一萬二千度。而地球與太陽的距離，適可吸收足
夠的溫度，而不致過高。地球斜二十三度，結果使我們享受
四季的變化。地球若不傾斜二十三度，海洋的水蒸氣會南北
移動，使陸地結冰。月球與我們的距離若非維持目前的樣
子，那麼海水每天會淹沒大地二次。海洋的深度若再加深幾
呎，那麼地球表面的二氧化碳及氧氣就完全被海洋吸收，植
物便不可能在地球表面生存。如果大氣層再稀薄些，則目前
在太空燒毀而無害於我們的流星，將爲我們帶來災禍，而到
處發生火災。你想，這樣精密的安排是出於上帝呢？或僅屬
於或然率的碰巧？

(2) 奇妙的人體構造：

　　美國一位對上帝「無感」的醫生，他在解剖人體時，猛
然發現人體的奧祕……他發現人的身上每根毛髮都規則的
往下長，唯有肺部裡的絨毛竟然呈「逆勢」的往上長，他頓
悟了……他說，肺部絨毛往上長，並呈現互相交叉情況，若
咳一次，痰就往上爬一「階」，讓交叉的絨毛撐著，等待下
一次的咳，假若絨毛往下長，再怎麼咳，痰也爬不上來到喉
口，太多痰爬不上來，我們就被「淹死」了……他立時敬畏

的感嘆「眞的有造物主上帝」……又是「藉著所造之物……」之證據……

　　耶和華啊！你所造的何其多，都是你用智慧造成的；**遍地滿了你的豐富。**（詩篇一零四章 24 節）這是當時詩人的讚嘆，不也是我們的讚詞嗎？

　　所有受造之物，都同聲稱讚神的大能。

　　每當我思想祢的作爲，便要跟詩能與神性是明明可知的，雖是眼不能見，但藉著所造之物就可以曉得，叫人無可推諉。（羅馬書一章 20 節）

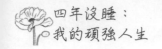
49.特集

（1） 找到挪亞方舟（附衛星示意圖）

（正舟木頭陳列於英國大英博物館，可上網查詢）

時報周刊 1997 年 10 月 11 日 1023 期刊登了一篇〈挪亞方舟找到了〉，追蹤聖經記載找到四千年前那條船報導。

執筆寫這篇正逢舉世被冠狀病毒肆虐之際，我以為當這病毒瀰漫之危機下，必定讓諸多人在迷航人生中轉而尋求造物主，結果還是令人大失所望……此時轉而呼喊上帝之名的人真實有限……。

當我翻出當年留下的 1997 年時報周刊社這篇報導時，心中頗多感慨……我心血來潮上網搜尋，竟然找到時報周刊 1023 期的封面檔案照，篇幅中也介紹了此期刊中幾篇文章，報導的盡是影視歌星之動態，就是沒列出這個重大的「找到方舟」文章與圖片……我諳然神傷……原來當時，這麼「聳動」的「大新聞」，人們也「視若無睹」，反而關注於影歌星的即時動態新聞……對照帕列哥那一份熱誠的關注世人靈魂的心切，實讓人頗為感觸……今日的病毒下，人們的心境仍是浮動不已，難以安靜……。

以下概略引述自此周刊內容：主編張國立先生
聖經記載的挪亞方舟是否真有其事？
即使從沒唸過聖經，一般人大致上來說都知道挪亞和他的方舟故事，但我從來沒想到，這個世界上居然會有人窮

其一生只爲了尋找一個「神話」裡的方舟，而在得到證實後急於昭告世界……。

　　帕列哥先生竟找到素昧平生的時報周刊社社長張國立，帕列哥知悉當時「中時」是國內首屈一指的出版社，並再三請託報導此事件。張社長被帕列哥的熱誠感動，就根據帕列哥所述寫了一篇頗長的關於此事件的報導。並請李鉦貿先生根據帕列哥提供的衛星照片，劃了幾張衛星示意圖（附圖）（本附圖經過時報周刊承諾使用），共四個位置，主體與部分船體移動至稍下方山坡。帕列哥也從法國一位探險家 FernandNavarra 手中拿到一公尺多的木塊，木塊表面塗過顏料，被證實是聖經上所說「松香油……」帕列哥在此時已去過亞拉臘山九次，這使他多了一個探險家的頭銜。期間他遇過落石，蛇和熊的攻擊，更被庫德族當成俘虜。

　　當主編張國立先生手握帕列哥所有文件資料，與知悉詳細情節後，感慨地說：「如果亞拉臘山上的方舟是眞的，那我們眞的需要重新思考：『聖經不是一部故事書，而是一部眞實的歷史』。」

　　@以上引用並改寫自 1997 年 1023 期《時報周刊》內容

　　亞拉臘山高約五千公尺，終年積雪……

　　十三世紀，馬可波羅寫下《老查日誌》：「挪亞方舟仍停在亞拉臘山上。二戰時包括盟軍之飛行員，從北非到莫斯科，途中也多次看到。」

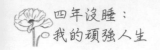
　　2004 年賈格拉實地拍攝探勘，拍了數千張照片，發現在冰層底下的確有二段木製結構的物品，其中一段長 123 英尺，寬 24 英呎，有五千年歷史。然只能以二維三維模擬圖外，沒其他證物。

　　2006 年美國國家安全分析師——波切爾泰勒，依據越來越多的衛星照片，與間諜飛機照片，經過十年研究以後宣布：在北緯 394210 東經 441630 的亞拉臘山下那個異物，就是挪亞方舟。

　　關於這「方舟深埋於積雪山上」之說，早在 1883 年喬治・阿格皮安老先生說，在小時後曾經被叔叔帶去該處，因「洞口」小，叔叔站在岩石上，讓他上方舟行走……1955 年，費爾南納也帶回一木條。

　　1958 年美國俄亥俄州機師拍到方舟照片。布拉登堡博士（曾找到古巴基地）研究後說這物件無疑是一艘船。這時候關於挪亞方舟的「陽謀論」到了沸點。許多科學家開始探索方舟的祕密。關於方舟的猜測也多了起來，直到六十年代末，NASA 在山頂上發現七個巨大木質隔間，卻未作說明，外界便臆測說 NASA 其實一直以來都在隱瞞方舟存在，目的是為了避免引起一場宗教混亂。

　　其實土耳其早在 80 年代就「自己來」……大動作動用國內國外的最新科技儀器資源。其中的金屬探測器，測出只在方舟形狀範圍內有重度金屬反應，其外之區塊全無反應。另外包括美國各專家協助的「地下界面雷達」（蒐尋空難黑盒子利器），測出方舟內部的秩序排列隔板形狀，並把外面

土質鬆開，赫然露出整排已成化石的秩序間隔版（影片中輪廓、間隔板清晰可見）。研究探勘了十年，終於土耳其在 1987 年 6 月 20 日正式向國際宣布「找到挪亞方舟……」……。

感悟：這些一向都保存於英國大英博物館的泥塊，就是多年前飄洋過海的「美索不達米亞」的一萬多片泥塊，於台北博物館北 10 廳展示。在文字不便的時代，這些泥塊「畫」出了這場世紀大洪水之歷史。於 1872 年，泥塊的文字被翻譯出來時曾引起轟動。翻譯者喬治‧史密斯花了多年時間研究這些楔形文字泥板，他發現這些泥塊上記錄著這樣一個故事：一個男人受神的旨意建造了一艘船，把他的家人和其他「一切生靈」帶到船上，在即將發生的洪水中拯救了他們，這個記載與《聖經舊約》挪亞方舟的故事。（選）

多年以來我都認為「恐龍滅絕不是謎」，應該不是所謂「隕石惹禍」論。想像：體積如此龐大，上帝或本就無意讓牠們登上方舟，所以非「隕石論」之地域性滅絕，而是整體滅絕啊……。

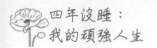

四年沒睡：
我的頑強人生

「衛星示意圖」（因不能直接使用帕列哥的衛星照片）

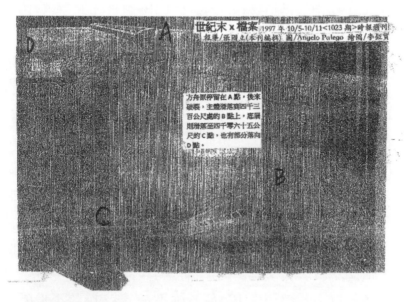

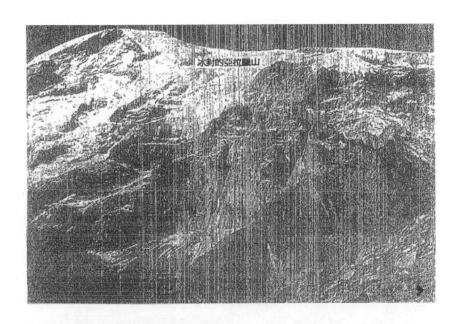

冰封的亞拉臘山

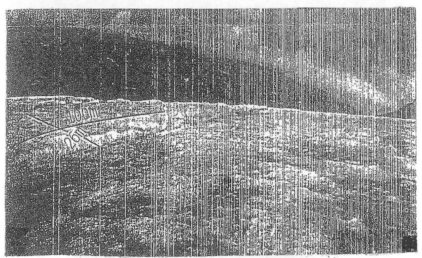

帕列哥確信方舟的主體就在那兩道平行線之下

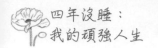

站在挪亞方舟位置下的帕列哥與他的同行者

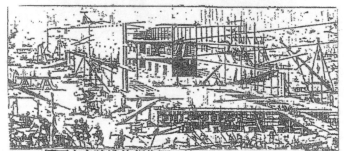
挪亞方舟建造的想像圖。第三層.第二層.第一
層.底層上百條的樑柱，帕列哥認為法國探險家
Navarra 找到的木頭就屬於樑柱部分。

這就是帕列哥，一個很執著的義大利人。

（2）海底撈出法老丰號的戰馬車
（可找網路照片）

另個聖經的神祕故事

話說法老在經歷摩西的十個天災，與慘烈的「滅長子」之災之折磨後，終於真正答應摩西帶著幾百萬以色列民離開埃及地……。

當幾百萬民徒步走了不少路程，來到紅海前，發現後悔的法老帶了追兵一路追趕過來，眾百姓懼怕，大大埋怨摩西帶他們出埃及；上帝吩咐摩西把手中的杖指向紅海土地，當摩西把手杖伸入紅海那一刹那，海水立即立起如牆，並且海底變爲乾地，百姓就走下乾地，直到全民走出了這乾地，追兵也追到了，看到海變成乾地，就毫不考慮的跟著走下去，想不到這立起如牆的海水立即崩垮下來，海水把戰馬車與軍兵們一同沖下海底……。

這故事夠震盪腦袋瓜了，歷史上有幾多人相信？總是說「又是個聖經神話！」然而，當年在疏通開闢與紅海毗鄰的蘇伊士運河時，在近「阿巴卡灣」處，竟然挖到好幾個生鏽的當時法老元號的所謂「火戰車」；上帝總是會讓關鍵事件之證據凸顯，以「真相大白」！不是嗎？（網路可查到照片）

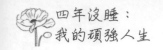
（3）為何上帝要「道成肉身」親自來到世上？

世人質疑馬利亞的「童女生子」，總是一概質疑到底，認為那是不可能的，屬神話，然而你想想，上帝可「無中生有」，萬物都是祂「命有就有」，那童女生子是難事？有限的頭腦被「大自然法則」規範了乎？「大自然」就是「乍現的神蹟」，童女生子也是「乍現的神蹟」啊！

耶穌降生事蹟，是在祂降生之前的舊約上就清楚預言……。

我想講講早年聽來的兩個故事

◎一個虔誠的基督徒宰相，一天到晚向固執的皇帝傳福音，皇帝就是聽不進去這「上帝親自下凡與世人一起生活」的「怪事」，皇帝認為既是上帝之尊，何必勞駕親自出馬，只要命令底下「重臣」下凡間救人即可啊……。

皇帝是出了名的游泳能手。有一天，皇帝搭御用船海上一遊，宰相隨身在側，宰相趁此良機來個「前置作業」……做了一個與皇帝兒子一樣大小的人偶，穿上孩子平常穿的衣服，再離皇上一段距離的船邊，也在皇帝「視力範圍」之下，假裝不小心的把人偶推下船，噗通掉到海裡，皇帝見兒子落海，立時奔跑過來欲往海裡跳，宰相制止了他，說：你底下臣子眾多，為何不命令他們跳下去救即可啊……皇上說：他們的泳術我沒信心，我得親自下去救他啊！宰相笑了說，唉啊！免了啦！是假的啦！事後，皇上終於領悟上帝道成肉身，親自下凡的意義了……。

（4）為何上帝自願被釘在十字架上？

ⓐ有個奶奶，平常照顧一個調皮搗蛋的孫子，這孫子的頑皮常造成許多危機，奶奶屢勸不聽，就嚴厲的警告孫子：再調皮我就用這支縫衣針刺你的手指……孫子沒幾下就忘了，還是再三犯錯，製造驚險情境，奶奶忍無可忍，就把孫子的手抓著，拿了手中的縫衣針，顫抖地要扎下小指頭，掙扎了一下下，忽地，轉了個方向，奶奶竟狠狠地往自己的指頭扎了下去，頓時鮮血直流，孫子嚇壞了，動也不動地看著奶奶的流血手指，然後乖乖地坐下來，從那時起，孫子就收斂起他的「冒險患難」的行為了……。

ⓒ到如今，仍有所謂「舊教」，就是猶太教以色列人，還在等候救世主降臨，因為他們認為救世主之尊貴身分，不應該降生在馬槽裡，他們認為應該降生在皇宮或「尊貴處」……。

祂為我們的罪作了挽回祭，不是單為我們的罪，也是為著普天下所有人的罪。（約翰一書二章 2 節）

因著祂的死和復活，所有接受他救恩的人都完全的被饒恕，並得到永生。（約翰福音三章 16 節）

受盡羞辱與欺凌
為贖我罪受苦刑
藉主寶血得潔淨
哈利路亞讚美主（Bliss）

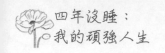
相信基督已死，那只是歷史，相信基督爲你而死，那才是救恩。（選）

當神藉著耶穌成爲肉身，自有的與被造的、永恆的與短暫的、屬天的與屬神的舊連結起來了。這意味著必朽的是要顯示不朽的、有限的是要受無限的。萬物在耶穌裡猶如成了華麗的帷幕，神的面容在其上向我們彰顯。這又是造物界的神聖莊嚴，因爲萬物都述說這神救贖的愛。海和風、山和樹、月亮與星星、所有的動物與人都是莊嚴的出口，從中可瞥見神。（選）

我問過雅各牧師：「爲何耶穌要降生在馬槽？」他面帶苦笑，似乎也無奈的幽默：「**因爲人心如馬廄馬槽，又髒又臭**」啊……。馬槽爲人世最卑微之地，神子耶穌降生於斯，從此自卑的必升爲高，悔改的必得生命。（選）

「哪知祂爲我的過犯受害，
　　爲我們的罪孽壓傷。
　　因祂受的刑罰，我們得平安
　　因祂受的鞭傷我們得醫治。
　　我們都如羊走迷；
　　各人偏行己路；
　　耶和華使眾人的罪孽都歸在祂身上」。（以賽亞書五十三章 5 節）

「你若感到孤單、卑微，
　　渴望溫柔友愛的朋友，

切記上帝願向你表明，

那一份永不止息的愛」Hess

基督的死顯明上帝多麼愛你。

耶穌為我們死在十字架上，開闢了我們通往天堂的道路。

（5）輕鬆一下聽故事「禱告的力量乎？」

有天，有個科學家跟上帝嚷嚷，說他也能夠用泥土造人，上帝就請他表演，他就彎下腰去取泥土，上帝開口了：「親愛的，請你用自己的泥土……」

上帝用泥土造人乎？

旅居馬來西亞華僑牧師唐崇榮牧師，集哲學、神學、邏輯學於一身，最能鏗鏘有力回答大學生的諸多「疑難雜症」，記憶猶新的那一次，大學生問：唐牧師，我很難接受人是從上帝手中泥土造的，我覺得太好笑了……唐師回答：上帝手中泥土造的很好笑，那從石頭縫蹦出來就不好笑嗎？笑聲不絕……。

禱告的力量乎？

再輕鬆一下下：

一則故事：某教會隔壁有天忽然大興土木，會友探聽知悉……是要開一家夜店，會友憂心忡忡，怕夜店帶壞周圍人們的風氣，就發起眾會友為這事齊力禱告……過了些天，在一個夜黑風高的夜裡，這家已裝潢完成，準備大張旗鼓開幕營業的夜店，竟然在一把無名火之下燒毀了……。

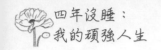
　　夜店投資人業主，早已側面聽說教會抵制開夜店的連鎖禱告一事……一口咬定這把無名火是教會會友禱告來的，就一狀告到法院；面對法官的質問，出庭會友支支吾吾地否認，也就纏訟無解……後來法官一臉諷刺地說了：**教會不相信禱告的力量，夜店相信禱告的力量**……。

　　「人只知道神，而不知自己之可悲，就會自負……」

　　「人只知道自己之可悲，而不知道神，結果只有絕望」（巴斯噶）

　　永恆就在我們心裡，用上帝出人意表的心意激勵我們，這就是內在的光。（選）

　　上帝永不缺席在我的不尋常經歷生涯裡……**祂參與我的大小事**……參與了我的一生……陪伴、眷顧、並賜恩予我珍貴經歷的一生……。

　　耶穌說：我告訴你們，若是他們閉口不說，這些石頭必要呼叫起來。（路加福音十九章 4 節）

　　我們應該在黑暗的世界選擇光明，在死亡纏繞的社會選擇生命（盧雲）。

　　「我們能從這麼幽暗的洞穴裡找到另一端走出來，我們會浮現在更高一層的地面，在更清楚更平靜的天空下，看到更寬闊的視野」（選）

　　◎基督教來生觀見異於東方的「幻滅論」，不用過「冥河橋」失去自我，今生來生雖有不相連之處，但本我卻延續

到永恆，本我包括人際關係，人與人之間的契合不會消失。
（海天）

　　不是有神就是無神，我們應選哪一邊？推理不能幫助我們選哪一邊，我們由一道無限寬闊的鴻溝分隔著。（巴斯噶）

　　財主遠眺鴻溝另一面幸福狀況。（路加福音十六章 19-31 節）

　　這個世代知識份子的通病，就是在神面前不肯放棄「我知道」的態度，不能謙卑，總認為自己懂得多，因此一直盤還在救恩門外；（選）使徒保羅對歌林多人說：若有人以為自己知道什麼，按他所應當知道的，他仍是不知道。（歌林多前書八章 2 節）

　　人的最高尊貴就是神的形像，因為是上帝照祂的形象造的。人會「發光」，就是因為是照上帝形像所造。（選）

　　@既然上帝造人，人就不能造上帝；人所造的上帝是像人的上帝，我們不能敬拜它。人不應該僭越本位，與上帝抗衡，應當回到本位，敬畏上帝。讓世界成為世界，讓人成為人，讓上帝成為上帝。（唐崇榮牧師）

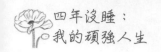
聖賢規勸：我們可能懼怕人間的暴政，但也不要忘記天上的審判。

並勉勵我們：時局艱難，祈求天父叫我們敬畏祂，甚於懼怕這個世界。人生無論是福是禍，都是從神而來；堅持敬畏神，完成今生該做的事。

主所應許的尚未成就，有人以為祂是耽延，其實不是耽延，乃是寬容你們，不願有一人沉淪，乃願人人都悔改。（彼得後書三章 9 節）

讓我們最真實的心去感受世界，然後忠實的問自己此生所求的是什麼，再明智的抉擇該怎麼生活……。

在這無定準的世界要真實地活著並不容易。我們必須學習，在不全然確定的情況下，還是能做出智慧的抉擇。（盧雲）

莫以為基督徒是迷信，他們能夠相信聖經，也是經過很多的探討。經過諸多體驗與科學印證（產生的「絕對」信心），他們絕對不是 IQ 零蛋的人！（選自天恩出版社《聖經——神賜給人的寶貴禮物》）

真正的基督徒並不是隨從乖巧捏造的虛言，乃是親眼「見過」祂的威榮。

世上太多人懷著自大自傲的心態，過著自以為是的生活，完全喪失了對神祕不可測的宇宙的敬仰，更不曾對自己的所作所為做適當的調整，如此又如何了解到生命的真義

呢？（選）

　　鮭魚看到危險臨身，尚且會自動找尋隱避之所，我們也要如此尋找一個萬全之地，以避免死亡來臨的審判。世上唯有一個地方安全——就是在基督裡！（選）

（6）感悟與鼓勵：

　　你若想進一步認識上帝，那你就應當仔細閱讀四福音書．基督的言行，其犧牲的愛，為我們捨命，祂那雋永的言論、毫無瑕疵的舉動，在在都向我們清晰地描繪出上帝的樣式。（Morning Dewdrops）

　　信心交託給上帝很是簡單，在「心裡相信，口裡承認」後，若對祂有需要上的期盼，你需要的心態是「仿若你寫了封信，地址對了，貼上郵票，投入郵筒，你必會單純相信這信將會達到收信人手中。也好像你肚子餓了，添了碗飯，把它吃下，你也會單純的認為吃了這碗飯，肚子必定不餓」；原則上「你的信心有多大，上帝就給你成就有多大」。

　　信心的功課很簡單，一次學會就永遠學會了……。

　　天父的子女啊！應該做個有偉大信心的人，小小的信心可以靈魂帶進天堂，但偉大的信心可以將天堂帶到你的靈魂身旁。（司布真）

　　前述：看哪！我在門外叩門，若有聽見我聲音就開門的，我要進到它那裡去，我與他，他與我一同坐席。得勝的，我要賜他在我寶座上與我同坐，就如我得了勝，在我父的寶

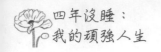
座上與祂同坐一般。（啓示錄第三章 20-22 節）

保羅說：「我們若只在今生有盼望，就算比眾人更可憐」。（歌林多前書十五章 18 節）我們並不可憐，跟隨耶穌，眼目可以看得更遠，超越今生的短暫，並相信現今的肉身生活並非枉然。（選）

另一方面，祂所指稱那完美的國度，卻又需等到祂再來時才能完全降臨。因此，我們仍需要經歷矛盾，那就是上帝「已然卻未然」的國度（選）。

@在那裡，沒有數日夭折的小孩，也沒有壽數不滿的老人；因爲百歲死的仍算孩童（以賽亞書六十五章 20 節）（前述），據此，我們不必慨嘆「芳草變蕭艾，追憶逝水年華」……。

或年事已高，已然覺醒來日無多，然而時間的有無，其實取決於生命的重心落於何處？沙漏的孔眼定向何方？你是否想到：在世界塵沙漏盡的另一頭，其實有一永恆的維度，屬於奧祕的天府（楊雅惠）。

我們可將其縹緲的逝水年華，轉成了何等寶貴的永恆盼望（選）。

前述：「生寄死歸」，詮釋了我們的一生……。

所以說：所有研究的經費都有限，有限的經費測不到無限的神，那怎麼辦呢？無限的經費已經付在十字架上（選）。

（7）人從哪裡來？這問題非同小可……

人到底有何意義與尊嚴可言？不管我們如何玄想自己的存在意義，都只是虛假，因我若到底是有尊嚴的受造者，還是宇宙中無關痛癢的副產品？假如人只是偶然從泥巴裡出現，終有一天會歸於幻滅，那麼我們從出生到死亡，以及當中經歷的一切，出於虛無，連我所思所想的一切，都只是虛無（選）

然加爾文（Jean Calvin）的「預定論」，我們只能「信一半」，否則大家都不必太傳福音了。加爾文的「預定論」說，一個人他是否會信主，是在太初上帝就預定了，然而我認為這個預定仍包括我們傳福音的行動在內啊！多少基督徒以為不必傳，會信的自然會信，那聖經說「這天國的福音要傳遍天下，對萬民作見證，然後末期才會來到……」（馬太福音二十四章 14 節）又是怎麼說呢？「所以你們要去，使萬民做我的門徒」……（馬太福音二十八章 19 節）親愛的，別忘了當初你是如何得救的……。

保羅在哥林多前書一章 21 節說：世人憑自己的智慧既不認識神，神就樂意用人所當作愚蠢的道理，拯救那些相信的人，這就是神的智慧了。也就是「只要相信」，超越學問、財富、地位……種種條件，這立基點道破了所謂「眾生平等」。且聖經之平易、易讀，也非某些宗教經典之晦澀難懂。

前述：祂從灰塵裡抬舉貧寒人，從糞堆裡提拔窮乏人，使他們與王子同坐。（詩篇一一三篇 7 節）。

如果說有一能統攝西方文化的哲學，那就是世俗主義。

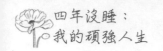
基督徒嘴邊常掛著這四個字卻不知其然。簡單來說，世俗主義倡導的是：此時此世就是一切。沒有永恆，人眼見的世界是唯一的世界；沒有天堂，所住的地方就是唯一的地方。眼前所見就是一切。這種思想是今日基督徒最大的對手。（摘自「信仰哲學篇之二」）

我常說未信者或總是以為基督徒與一般宗教信徒一樣，是在談「教義」而已，殊不知真正基督徒除了「親炙一次」的震撼，也是隨時在體驗上帝照顧，上帝的救贖都「分秒不差」的來到；風在吹，你是看不到的，愛與被愛是真實的，這「愛」卻也看不見，然而，聖靈在這些人身上動工你也看不到，但是它確實存在並運行著；我常說：「**若把上帝挪出我的人生，那我就不存在了**」……。

經過一次直接且有力的親炙上帝的經驗，（他）才開始領悟到要有在人內心的光照，才能改變人。（福克斯）

屬靈勇氣與一般的冒險不同，而不惜喪失名聲，寧可依循心中最深的渴望，不惜喪失短暫今生，寧可得到永遠的生命。（盧雲）

諸多上帝的見證人著著實實體驗上帝「翻轉」了他們的人生，他們都體會了上帝無所不在、無所不能、無所不知，都體驗上帝把他們捧在手心，在他們的生命中著根深深，把他們看為眼中的瞳人；「救贖」都分秒不差來到……神創造的宇宙何其浩瀚廣闊，自亞當夏娃至今世界上已達七十多

億人口，然而對於信靠他的人，其所言所行，全然都在祂奇妙恩典運轉之下所「掌握」。蕭祥修牧師說：**上帝可以同時與七十億人下棋你知否？這掌握最終目的仍是只為眷顧與祝福我們。我們應該讓信心放在神的話語上，看似躍入虛無縹緲中，實質神的手總在那裡看守著。（選）我經歷千百次上帝在聖經裡的應許都沒落空過，在未相信上帝的人看來真的夠奧祕，不，是夠深奧到「讓人很難相信」，除非敞開心，虛心接受，也就是需全然倚靠「天啓」，才能打開「屬靈的眼界」，您即能有同等不打折的真實體驗……。**

耶和華的慈愛歸於敬畏他的人，從亙古到永遠，他的公義也歸於子子孫孫，就是那些遵守他的約、紀念他訓詞而遵行的人。（詩篇一百零三篇 15-18 節）。

天與地，東與西、南與北之距離無限遠之意。這是上帝應許我們「祂的慈愛如無限的宇宙般之長闊高深」……。

耶和華在天上立定寶座，他的權柄統管萬有。（詩篇一百零三篇 19 節）

上帝的時間即「從永遠到永遠」……。

思想這兩點，即可感受到我的存在於宇宙中，已是個大神蹟了。

我的肺腑是你所造，我在母腹中，祢已覆庇我。我要稱謝祢，因我受造奇妙可畏。我在暗中受造，在祂的深處被連結；那時，我的形體並不向祢隱藏。我未形成的體質，祢的眼早已看見了；祢所定的日子，我尚未度一日，祢都寫在祢的冊子上了。（詩篇一百三十九篇 13-16 節）

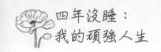
「只要我們願意回到上帝的懷抱，上帝對我們的恩典就這樣開始了」（選）

對上帝敞開的心，就是能夠讓祂的話語茁壯成長的土壤。（靈命日糧）

我深信是死、是生、是天使、是掌權的、是有能的、是現在的事、是將來的事、是高處的、是低處的、是別的受造之物，都不能叫我們與上帝的愛隔絕。（羅馬書八章 38-39a）

所以我們可與哈巴谷同聲歌頌讚美：

雖然無花果樹不發旺，

葡萄樹不結果，

橄欖樹也不效力，

田地不出糧食，

圈中絕了羊，

棚內也沒有牛；

然而，我要因耶和華歡欣，

因救我的神喜樂。

主耶和華是我的力量，

祂使我的腳快如母鹿的蹄，

又使我穩行在高處。（哈巴谷書三章 17-19 節）

最喜愛的聖經章節：

諸天述說神的榮耀；

穹蒼傳揚它的手段。

這日到那日發出言語；

這夜到那夜傳出知識。

無言無語，

也無聲音可聽。

它的量帶通便天下，

它的言語傳到地極。

神在其間爲太陽安設帳幕；

太陽如同新郎出洞房，

又如勇士歡然奔路。

他從天這邊出來，繞道天那邊，

沒有一物被隱藏不得它的熱氣。（詩篇十九篇 1-6 節）

詩篇第二十三篇

耶和華是我的牧者，我必不致缺乏。祂使我躺臥在青草地上，領我在可安歇的水邊。他使我的靈魂甦醒，爲自己的名引導我走義路。我雖然行過死蔭的幽谷，也不怕遭害，你的杖，你的竿，都安慰我。在我敵人面前，你爲我擺設筵席；你用油膏了我的頭，使我的福杯滿溢。我一生一世必有恩惠慈愛隨著我；我且要住在耶和華的殿中，直到永遠。

詩篇第九十一篇

住在至高者的隱密處的，必住在全能者的蔭下。

我要論到耶和華說：祂是我的避難所，是我的山寨，是我的神，是我所依靠的。

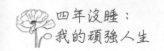

他必救你脫離捕鳥人的網羅和毒害的瘟疫。

祂必用自己的翎毛遮蔽你；你要投靠在祂的翅膀底下；祂的誠實是大小的盾牌。

你必不怕黑夜的驚駭，或是白日飛的箭，也不怕黑夜行的瘟疫，或是午間滅人的毒病。

雖有千人仆倒在你旁邊，萬人仆倒在你右邊，這災卻不得臨近你。你惟親眼看見惡人遭報。

耶和華是我的避難所；你已將至高當你的居所，禍患必不臨到你，災害也不挨近你的帳篷。

因祂要你吩咐祂的使者，在你所行的一切道路上保護你。他們要用手托著你，免得你的腳碰在石頭上。

你要踹在獅子和虺蛇的身上，踐踏少壯獅子和大蛇。神說；因為他專心愛我，我就要搭救他；因為他知道我的名，我要把他安置在高處。

他若求告我，我就應允他；他在急難中，我必與他同在；我要搭救他，使他尊貴。我要使他足享長壽，將我的救恩顯明給他……。

詩篇第一百二十一篇
我要向山舉目；
我的幫助從何而來？
我的幫助，
從創造天地的耶和華而來。
祂必不叫你的腳搖動；

保護的必不打盹！
保護以色列的，
也不打盹也不睡覺。
保護你的是耶和華，
耶和華在你右邊蔭庇你，
白日太陽必不傷你，
夜間，月亮也必不害你。
耶和華要保護你，免受一切的災害；
祂要保護你的性命，
你出你入，耶和華要保護你，
從今時直到永遠。

讓我們一起來讚美耶和華（詩篇一百五十篇）
你們要讚美耶和華！
在神的聖所讚美祂！
在顯能力的穹蒼讚美祂！
要因祂大能的作爲讚美祂！
按著祂奇妙的大德讚美祂！
要用角聲讚美祂！
鼓瑟彈琴讚美祂！
用絲弦的樂器和蕭的聲音讚美祂！
用大響的鈸讚美祂！
用高聲的鈸讚美祂！
凡有氣息的都要讚美耶和華！

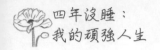
你們要讚美耶和華！

「突然來的驚恐不要害怕」（箴言第三章 25 節）

「堅信的基督徒都可體會上帝應允我們生活中『一無罣慮』的奧祕」……。

電影《1917》其中一幕，即將上陣的士兵吟唱的

〈I am a Poor Way faring Stranger〉

歌詞：

I am a poor way faring stranger　我乃窮苦異客

I am traveling through this world of woe　旅此悲慘世界

Yet there's no sickness,no toil,nor danger　而在彼方無病無懼

In that bright land to which I go·即我往之光燦世界

I'm going there to see my Father　我正前行，見我天父

I'm going there no more toroam·我正前行，不再漂泊

走筆至此，我已淚滿襟……。

死亡雖然可以限制我們的生命，摧毀我們的夢想，但絕不能定義我們的生命，永活的上帝賜給我們的是勝過死亡的真盼望，死亡使得基督徒告別今世的流浪，回歸更美的家鄉，親睹上帝的容顏，被無邊無際的上帝的榮耀充滿環繞，在上帝的國度裡，再也沒有死亡這回事了，再沒有死亡吞噬上帝所創造的生命這種事。死亡終將滅亡！（李建儒教授）

@接下來要分享經過授權「全書轉載」的一本好書，《宇宙間的絕對者》，都是福音書房才看得到。我有幸早年閱讀到。我覺得這兩本書，堪稱是絕佳好書，也是傳福音的好材

料，或許至多基督徒早就以這爲傳福因的工具之一。按奈不住我想要分享的心切。縱觀身邊基督徒竟也少人閱讀到，多年來至多感慨「如此好書，基督徒都沒得看見，那麼未信主的人們呢？」

多年感觸：「至多培靈好書全集中在福音書房，讓基督徒能『好好吸收』乎？」若不分享出去，就如神學家齊克果日記中敘述的至多教會的模樣：「雄鵝講道，傳講鵝們的光榮前景，就是創造主造牠們的崇高目的——每次提到這位創造主的名，眾鵝都會屈膝敬禮……每個星期天牠們都會做同樣的事，崇拜完後會眾起立，然後大家搖搖擺擺地回家去。到了下星期天，牠們又會再聚再一起崇拜，然後再回家，但這只是一切了。牠們會長的碩大、肥胖，變得多肉和可口，到聖馬丁節時給宰來吃，就這樣生活著……」

有人以詩篇一百三十三篇消遣基督徒：「看哪，弟兄和睦同居……」揶喻信徒「獨占福音不外流……」……。

參考以下多年前數據：（若有誤請包容並修正之）

信徒中眞正以行動傳福音者只有 5%（當然另有的是以行爲默默見證主的）。

參加聚會的信徒只有三分之一是眞正相信全本聖經，也願意照著聖經教導去生活……。

（8）**震撼的數據**：

轉自 1999 年香港天道樓出版的《耶穌研討會的眞相》(P2-P5)（安克伯、韋爾登二人合著）

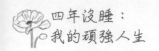
1996 年 4 月，出版社史上有一件獨特事情發生。有三份主要雜誌在 1996 年 4 月 8 日的發行版中，主題文章都講到耶穌基督。雖然耶穌已經死了兩千年，祂仍然比歷史上任何人對世界的影響更大。這世界仍然著迷於祂，當然，祂的跟隨者更是如此。

可是，如果近來的民意調查是可靠的，很多人對耶穌和聖經權威的認識都有空前錯誤，基督徒亦然，實在諷刺。1996 年 9 月 12 日，安克伯是在「全美國新宗教佈道事工會議」中演講，講題是「末日的人和假宗教的特點」，他說：按照最近蓋洛普（George Gallup）、巴納（george Barna）和亨特(James D Hunter)的民意調查，35%福音派神學院學生否認相信耶穌是絕對必要的。更叫人警覺的是，35%福音派成人基督徒同意下面的話：「不管人是否相信耶穌，當他們死的時候，上帝都會拯救所有的好人。」……

《講堂支援》（Pulpit Helps）的調查揭露 7441 位更正教牧師（循道會 51%；長老會 35%、浸信會、33%、聖公會 30%）不相信耶穌身體復活。

另一個叫人警覺的統計是，77%美國音派人士相信人性本善，而聖經卻說人被創造的時候是良善的，但是他墮落了，所以有罪性。福音派人士不但不傳講人犯了罪，是被定罪、無助的，無法救自己；反之，最近民意調查顯示 87%美國福音派人士相信：「上帝幫助那些幫助自己的人」。

巴納組織進行的民意調查更使人困擾。1991 年民意調查顯示：「自稱相信聖經的保守派基督徒中，53%認為沒有

絕對眞理」。在另一個民意調查，43%重生基督徒同意「什麼宗教信仰都無所謂，因爲所有信仰對人生的教導都一樣」。根據 1996 年 4 月 8 日《新聞週刊》(Newsweek)「巴納研究中心上一個月的調查，加州一個保守基督教組織發現 30%『重生』基督徒不相信『耶穌被釘十字架後身體復活』。」

　　有些事情顯然不妥，因爲這些信念不符合聖經。如果這些調查結果不是錯的，這些自稱眞正基督徒的人就不是眞的；還有一個可能，很多人在教會就被騙了。基督徒當初怎麼可能獲得如此錯誤的教導？

　　因爲我們現在的文化中，道德和智力都在下降，所以這些調查結果不完全在意料之外。我們到處爲調查結果尋找解釋，卻常常忽略了自由神學和它對聖經的「高等批評」。這種批判法得到主流神學家和主流宗派、很多聖經批判學者、異端如摩門教、其他宗教如伊斯蘭教廣泛贊同，志在損害合乎聖經的基督教的可信。奇怪的是，這些有害的方法卻愈來愈被福音派學者採用。

　　因爲我們覺得這個問題非常嚴重，所以批判自由神學不但重要，甚至是「生死攸關」的。但是我們不能忘記，最終能夠反駁自由神學的，不是它那大錯特錯的假設和方法；卻是有證據證明新舊約聖經對耶穌的描述，在歷史上是可靠的。我們在此列舉證據支持聖經，也同時寫了一本伴讀的書：《認識聖經可信的眞理》（Knowing the Truth About the Reliability of theBible），這本書可以提供更詳細事實，證明

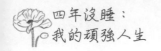

上帝的話是準確的。

　　感悟：這是讓人頗揪心憂心的數據，盼望這些年來已有正面成長，並且在新冠肺炎肆虐之下，能使迷失的眾羊甦醒……

　　前述：「不知上帝在我身上置放了什麼樣的靈魂」……。

　　向來把傳福音出於本然的「生活化」，（難以媲美至多福音勇士）……當然照主所要求必有不足之處……或許因「末日已近」的意識在腦海迴盪，近些年來，似乎總是每天「憂心忡忡」，「憂國憂民」（其實真不配如此形容）的，與身旁人聊天，總不其然想要找到傳福音的媒介話題，以便切入傳福音……。

　　@我靈魂內裡似乎「潛藏」一份「被討厭的勇氣」，一笑……。

　　我常檢視我這「奇怪」的個性是否是我的「矯枉過正」？「宗教狂熱」呼？給人壓力乎？到如今，確定「修正無望」，而成為我自己心中一直無法解開的謎團……唉……。

　　@務要傳道，無論得時不得時總要專心；並用百般的忍耐、各樣的教訓責備人、警戒人、勸勉人（提摩太後書四章2節）。

　　@我們可以藉著強烈的慾望、強烈的信念，以及強烈的禱告，將自己人格中的力量化為行為──「強烈」正是使這些因素與芸芸眾生一貫漠不在乎的態度產生差異的原因。（諾曼‧文生‧皮爾博士）

　　@求主開我眼睛，能看見許多靈魂身陷困境或罪惡深

淵，求主幫助我去愛他們，去尋回失喪的人，愛基督的人也會愛失喪的人。（選）

＠我認為這一本書的邏輯思維與精髓，可直接的切入「人的價值迷思」領域，引導未信者做個「清明」的，甚或「顛覆性」的思考……本人有幸於早年「巡視」福音書房時遇到，而能先睹為快，並找到這絕佳分享機會，只能一字不漏地轉載分享給您……或您已閱讀過，也可再回顧一下。

以上本人並非「定罪」基督徒不傳福音，因本人也其實也是怠惰的傳福音者，如「前言」裡所述。足以此儆醒自己……前述：「早已有蹉跎歲月的罪惡感」……虧欠至人至多的福音債……盼望餘生能一點一滴的還些債……我們至多都算是「債台高築」的人啊，因主的恩典太大了，難以回報啊……敬至多牧者、傳道者、宣教師、福音周邊工作者，您們辛苦了……。

「報福音，傳喜信的人，他們的腳蹤何等佳美。」（羅馬書十章 15 節）

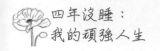
50.轉載《宇宙中的絕對者》

（此則已獲 STEMILTD 香港出版之發行所授權轉載）

作者唐崇榮牧師 2010 年 6 月 STEMILTD 出版。

唐牧師也是神學家，是旅居印尼的華僑，1940 年生，祖籍中國福建，哲學底子深厚，以歸正神學聖經原則帶領人，並以邏輯觀念引導聽者整理思緒脈絡。他的神學、哲學講座常能解答各種知識份子的質疑難題，常給人有一種別有洞天，峰迴路轉的意外的驚喜。唐家四兄弟皆為牧師。

第一章：絕對者是否存在？

是否有一位絕對者存在？這可以由人類具有絕對的觀念看出一些端倪。人裡面有許多意識，是從絕對的觀念產生出來的，就如追求完全，理想與尋找意義。都是源於對絕對者的嚮往。如果把這些重要的意念從人類歷史或個體生命中剔除，人與動物之間便沒什麼分別了。

人雖然有絕對的觀念，但人本身不是絕對者，而是另外有一位絕對者存在著。

可是有些人卻不相信絕對者存在著。英國學家法蘭西斯·培根（Francis Bacon）曾經說：「初習真裡的人，很容易進入無神論的景況，但是當人深入研究，這些哲裡必催迫他認識上帝。」其實從嚴格的角度來看，一個人「相信沒有上帝」是完全沒有根據的，他們不過是在缺乏證據的前提下採用比較進攻式的方式來刁難「相信有上帝」的人。其實

「相信有上帝」與「相信沒有上帝」都需要信心，但「相信沒有上帝」的人所需要的信心更大。

他們眞的是無神論者嗎？

一個人今天否認上帝的存在，不等於終生都否認上帝的存在，因爲絕對者已將認識祂的直覺放在人心深處。

有人問赫魯雪夫（Nikits Sergeyevich Khrushchev）：「你眞的是無神論嗎？」

他回答：「是。」

那人再問：「你眞的是無神論者？」

他說：「上帝知道我是無神論者。」

毛澤東年老時曾兩次向美國記者愛德格‧斯諾（EdgarSnow）「我不久以後要去見上帝了。」

勃列日涅夫（Leonid Ilich Brezhnev）吉米‧卡特（Jimmy Carter Jr，）簽署第二期禁止核子武器協議時曾說：「這一次談判不成功，上帝一定不高興。」

這些人是在開玩笑嗎？我相信沒有一個人未曾思想過上帝這個嚴肅的議題。

達爾文（Charles Darwin）也說：「感謝上帝，直到今天我從來沒有淪落成爲一個無神論者。」（？？）

列寧（Lenin）逝世時的那個房間，直到今天，裡頭陳設的東西沒有變動過，而在他桌上攤開的是一本<聖經>，這是他死前看的最後一本書。

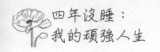
　　這些無神論者，並非終生都保持無神的觀念，這是一件奇怪的事。

你信的上帝到底是什麼？

　　另外有些人相信上帝的存在，是因為有一些事情他們不明白，所以只好承認上帝的存在，因為不明白而相信有上帝，這也是一件奇怪的事。可是追問下去：「你所信的上帝到底是一個怎樣的上帝？」他就很難作答了。因為相信和認識是兩回事，其中可能很難有聯繫。就如我們都相信香港有位港督，但是相信、知道他存在，與認識他的性格，其間有很大的差異，就連他辦公室裡的人與他太太對他的認識都不一樣。所以這種人雖然相信有上帝，但是對上帝的認識卻停留在主觀的猜想，他們或從自己的經歷，或從所看見的世界的情形為依據來推論上帝，因受現象的蒙蔽，其推論與上帝的本體是有距離的。

絕對者的特性

　　我認為人類嚮往的絕對者，至少具有下列兩個重要特性：

　　一、這位上帝一定是活的，不是死的。我們很難想像有一位「死的上帝」存在，因為「死的上帝」與「上帝」這個詞的本意，根本沒有什麼關係，死和上帝連在一起，是沒有意義的。所以像尼采（Friendch Wilhelm Nietzsche）等哲學家說：「上帝已經死了。」是故意把沒有意義的名詞，加

在有意義的源頭上。他說：「上帝死了。」指表示他跟本不相信意卜與卜帝有關係。這是一個刻意的侮辱。

二、這一位活的上帝是說話的上帝，是會向人傳達、啟示、說話的上帝。這個意念要導出的，便是上帝的主動性，上帝不是被動的。把上帝與被動兩個字連再一起，就如想把上帝與死連在一起一樣沒有意義。

舉一個簡單的比喻：我的鋼筆不見了，是我找鋼筆，不是鋼筆找我。如果我找鋼筆，我是土動的，鋼筆是被動的。又如我的孩子不見了，我找他，但我的孩子也可能找我，雖然兩方面都有意志：我有意志要找孩子，我的孩子也有意志要找爸爸，但這兩個意志之間，一個是輕的；如果這位爸爸有責任，又比孩子更懂怎樣愛對方，那麼他父親就是在土動的意志裡。

因此當人說「我找上帝」，這句話本身又一些矛盾性。如果真是人找上帝，是否表示神不關人，不理睬人呢？他真是被動的等人去找嗎？十七、十八世紀，英國從有這樣的理論，認為上帝的世界自生自滅，這稱為自然神論。後來到了法國大革命時代，許多當時的哲學家開始接受這個理論。

但事實上一位存在而不向人啟示，又是被動的上帝，卻是一個很難理解的邏輯。

基督徒相信《聖經》所描述的也曾在歷史上向人顯現的基督，正是那位絕對者。祂以絕對的身分把絕對的生活，彰顯在相對性的世界中，所以祂曾正式的表白。

「人看見了我，就是看見了父（上帝）。」（約翰福音十

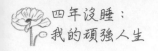

四章 9 節）

第二章：上帝會不會說話？

「為什麼基督徒會相信《聖經》是上帝的話？」

當年輕人在一起討論這個問題時，基督徒常常會把《聖經》的權威擺出來，問題是非基督徒不相信《聖經》是上帝的話語，所以一把《聖經》拿出來作為一切討論的結論，他們的討論就無法繼續下去了。所以我們要思想「為什麼基督徒相信《聖經》是上帝的話語？」

我們談到相信上帝的存在，相信這一位上帝是活的上帝，又信這一位存而活的上帝是一個講話的上帝；這三者並沒有絲毫違背理性的地方。所以，我們若把這三種信念結合起來，則相信上帝的話會保留在世界上，也不是一件違背理性的事情。

《聖經》上有一句話宣告這位說話的上帝對自己所說的話負責：「我留意保守我的話，使得成就。」（耶利米書一章 12 節）這句話包含了什麼意義呢？它指出我們所信的上帝，是一位說話的上帝、是一位活的上帝、這一位有主權的上帝、這一位主動的上帝，很主動的保守了祂的話語。

把活的上帝、說話的上帝，和保守祂話語的上帝連接再一起，有哪一點是違背理性的呢？把這些事情歸納，我們可以確信基督徒對《聖經》的信仰是建立在合理的事情上面。他們有一個結論，就是相信世界上一定有上帝的話留存下來。創造人的上帝，豈能緘默不言？把人撇在一邊呢？創造

人的上帝給人有言語的交流、有認知的本能，難道祂不能把對祂的認知放在人的裡面嗎？

他們在自圓其說嗎？

創造人的上帝，把言語的表達、思想的交流放在人裡面，也把上帝的形象和樣式作為我們被造的原本，所以我們這些照著上帝的形象和樣式被造的人，與上帝之間的交流也不是一件不可能的事。所以，上帝就把祂要向人講的話向人講出來，使被造的的人可以通過祂的話對祂有正確的認識，在祂的話裡面與祂有思想的交流，把我們的心意告訴祂，這不是不可能的。

既然《聖經》在這世界上存在，是一個合理的信仰，接下來要討論的問題就是：「我們怎麼知道這本《聖經》就是上帝的話呢？」多數問這問題的人，都會加上一句話：「請你不要用這本《聖經》來證明這本《聖經》是上帝的話。」

很多人問基督徒：「你相信這本《聖經》是上帝的話？」

基督徒回答：「是。」

他們再問：「你怎麼知道《聖經》是上帝的話？」

基督徒就打開《聖經》，指出《提摩太後書》第三章第十六節：「聖經都是上帝所默示的。」

當然他們會說：「你是在自圓其說。」

一個自稱為雷根（Ronald Reagan）的人很可能會被關到精神病院去；自稱唐崇榮的人，也不一定就是唐崇榮；但是唐崇榮勢必會對人家說他是唐崇榮，除非他是啞巴。

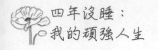

但是，現在有些人否定「《聖經》說《聖經》是上帝的話」，這否定是根據什麼呢？自稱是雷根的人不一定就是雷根，但是雷根一定會跟別人說他是雷根。同樣的，稱說就是上帝的話的那本書，未必表示它就是上帝的話，但它仍有可能就是上帝所記載下來的話，為什麼沒有可能呢？所以，非基督徒的思想要先做一個平衡：「千萬不要認為自己是絕對的，絕對的否定別人。」

不公正的要求

非基督徒會有的第二個問題：「《聖經》裡面的話我全不相信，請你不要用《聖經》來證明《聖經》是上帝的話，把外面的證據拿給我看。」

這個前提的根本就是他不相信內證的重要性。認為「證明不可能從自己來，從自己來的證明就是不公正，唯有從外面找證明，才是真正的公正。」我佩服持這種觀念的人。

但是，在這裡我要再做第二個平衡：「內證的本身難道真的沒有價值嗎？」

一隻獅子，你從外表看牠是獅子的形狀，但牠裡面也有獅子的生命，對不對？所以，獅子「吼」一聲就證明了「我是獅子」，這種出於自己的證明也是不能忽略的。如果，一隻獅子，外面看起來像獅子，他的牙齒是獅子的牙齒，牠的爪是獅子的爪，但他看到你非但不咬你，反倒照顧你、與你握手、與你研究孔子的理論，你就可以肯定這個動物一定是獅體人身，因為獅子不可能研究孔子。

　　至於一隻眞的獅子，牠才不管你想不想證明牠是獅子，因爲牠已擁有整個獅子的生命。

　　我再用第二個比喻來解釋：這裡有一張紙，我說這張紙是台幣一百元，這句話對一隻狗而言是沒有意義的，因爲牠會認爲有些紙比這個更好看。但你會知道這張紙對你很有意義，至少你可以用它去買飯。

　　現在我說：「這是一百元臺幣。」

　　你說：「我不知道，請你證明這是台幣一百元。」

　　我說：「好，我證明給你看。」

　　但是你加上一句話：「請你不要用這張紙來證明這張紙是台幣一百元。」

　　這合理嗎？

　　所以在這裡我要提醒大家一件事：單單內證是不公正的，但是要求絕對不用內證是不可能的。我們對「《聖經》是不是上帝的話語」這個問題的態度也是這樣，你不能沒有內證來思想《聖經》的問題，假如你竭力反對內證，你就站在更不公正的地位。

　　談到這裡，我順便談談「證據」這兩個字的哲學問題。老實說，我根本不承認上帝可以被證明出來，因爲上帝如果可以被證明出來，顯然這個上帝就比證據更小。

　　上帝這麼大，哪有證據可證明呢？

第三章：《聖經》是上帝的話嗎？

　　如果《聖經》不是上帝的話，那麼，它是誰的話呢？

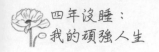

你只能有其他兩個階段：鬼話、人話。你不相信《聖經》是上帝的話，你就只有在鬼話與人話之中做選擇了，所以你必然會碰到一些困難。

《聖經》不是上帝的話，是鬼的話，你說這可能不可能？我們都知道狗口長不出象牙，如果一隻狗忽然冒出兩個象牙來，這隻狗馬上就成為世界新聞。既然狗口長不出象牙，同樣的，人心裡怎麼想，他的話就怎麼說出來。

語言是什麼？語言就是靈裡面的話語。上帝有靈、鬼有靈、人也有靈，有靈的就有話語，話語會把心靈裡面最最深的意念表達出來。至於表達出來的東西，有可能是有意義的，有可能是無意義的，也有可能是下意識的。

有些人白天不敢講話，守祕密，晚上睡覺全部自動公開，嘩哩嘩啦全講出來了；白天他用意識、抑制保守著他的口；晚上瓶口塞住、瓶底破洞，全講出來了。至於那些下意識的話，有可能你講了出來，但你並不知道自己在講什麼，或者是你想了好幾天才決定講一些話，但是聽的人不知道你到底在講什麼。

語言的表達絕對和靈裡面的意念有關係。所以，你若翻開《聖經》來讀，你就確定它絕對不是鬼話。鬼的靈絕對不可能說出《聖經》中的話語。這一點我會在後面更詳細的論述。

從買錶談起

假如你說《聖經》是人的話語，按照公正的原則，基督

徒也有權利問你：「憑什麼你說《聖經》是人的話？」

或許你會回答：「因爲是人寫的嘛，所以是人的話。」

事情眞的是那麼簡單嗎？現在我問你：「你手上的錶是從哪裡來的？」

你回答：「買的，在台灣的錶店買的。」

我說：「這一定是台灣製造的。」

你說：「不！這是德國製造的。」

我堅持：「不，在台灣買的，一定是台灣製造的。」

你會不會覺得我有一點強詞奪理？

同樣的，你說《聖經》是人寫的，所以是人的話，這個結論也下得太快一點了。總統的祕書寫的字是祕書的字，但其實是總統的話。

若你還堅持《聖經》是人的話，那麼《聖經》裡記載如下的字超過一千次：「耶和華如此說」、「上帝說」，這又是什麼意思呢？你只能說：這是寫它的人說謊，明明是他自己說的，卻偏偏騙說是上帝說的。」

好，你先假設了他們是說謊的，那麼這些人在傳講上帝話語的時候，明明知道上帝曾說：「你們……不可彼此說謊。」（利未記十九章 11 節）

所以，他們自己先產生矛盾，自己先違背了上帝的話。會是這樣的嗎？

假如你認爲是這樣，你已下了一個很大的結論。所以，我認爲當你說：「《聖經》是人的話語時，需要一個很大的信心來支持。

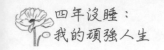

四年沒睡：
我的頑強人生

令人吃驚的事實

我相信《聖經》是上帝的話的重要原因：

第一、《聖經》有非常強烈的統一性

《聖經》的統一性是什麼？《聖經》從頭到尾一直在引出一個非常明確的路線，有一個貫徹始終的主題；這路線，這主題一一超越了《聖經》當中的細節。

這是非常令人吃驚的事實。你們知道《聖經》這本書到底有多少作者嗎？差不多有四十個人。有的人如摩西，寫了長篇大論；有的人如俄巴底亞、猶大，只寫了一點點。這些作者的身分也大不相同，有的做君王的如大衛、所羅門；還有普通的老百姓，像打魚的彼得、牧羊的阿摩司。作者當中更有一些學有學有專長的專家、對社會有貢獻的人，如軍事學學家約書亞、醫學家路加。所以《聖經》這六十六卷書的作者，身分地位差距非常大。

最令人吃驚的乃是這四十位身分地位大不相同的人，是處在不同的時代，最早的作者和最遲的作者，時間相差了至少有一千六百年。所以這些作者不可能聚在一起討論：「我們要怎樣寫才不會產生矛盾？」絕不會有這個機會。

儘管如此，這些作者寫下來東西，竟有一致的路線、一致的主題，就是上帝對罪人的救贖工作。在基督裡面上帝向人顯出的愛，這個偉大的主題，貫徹始終，前後呼應。這種把上帝超歷史的路線、永恆的旨意顯明，就是《聖經》的統一性。

若把《聖經》的統一性和世上任何一個集眾人之力創造

242 /
242 /

的理論系統做比較，會發現兩者的差異性非常大。世上沒有一個理論系統，經過四十個人的手，經過一千六百年的時間，還能維持它的初衷沒有偏頗。因此，我們可以從《聖經》的統一性斷言，《聖經》是創造世界的主、超越歷史的主，抓住了在歷史中間的人，幫助人寫下來的。這是合理的信仰。

第二、《聖經》有非常強烈的純潔性

有些人認為，《聖經》根本不「聖」，因為它記載了一些骯骯髒髒的事情。我十七、八歲的時候，一讀《聖經》就生氣，因為每一句話都讓我產生懷疑。

我問：「如果起初上帝創造天地，那麼，起初誰創造上帝？如果地是空虛混沌，為什麼祂要造空虛混沌的地面？」

最令我反感的是讀到有關道德的記載，《聖經》怎麼可以記載羅得和他自己兩個女兒亂倫？猶大怎麼可以和他媳婦發生關係？大衛有這麼多太太，還叫合上帝心意嘛？上帝怎麼可以寫這樣的事情？記載這種不正常的事情，哪有「聖」可言？這根本不是「聖經」。我就下一個結論，這不是「聖經」，是「髒經」。

當我做了傳道人以後，我發現人問我相同的問題。奇怪啊！他們和我以前依樣，會問：「為什麼《聖經》記載骯骯髒髒的東西呢？」喔！

如今我已找到答案了。

我相信你們都照過鏡子，我也常照鏡子，我照鏡子看這條領帶配不配這件西裝，這件襯衫清不清潔，頭髮梳得亮不

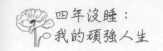

亮。但是，假如你同時照兩面鏡子，看這個鏡子，覺得自己很髒，再看那個鏡子，覺得自己一點也不髒，你會怎麼想？這裡面勢必有一個難題了，越髒的鏡子越把我照得不骯髒；越把我照得很髒的鏡子，本身越不髒。我相信你若根據經驗是可以接受這個理論的。

　　現在《聖經》就是這樣。你看《聖經》就如同看鏡子。當你照一面很清潔的鏡子，鏡子把你的骯髒顯明出來，你會把鏡子打碎嗎？你當然知道這不是鏡子的問題。而在《聖經》裡，上帝要告訴人墮落以後人性的敗壞，它很誠實的、很嚴正的，把人墮落以後的毛病記載下來，要你看見你的本相是怎樣的。上帝的原則是只要是人，無論是以色列人，是信祂的人，或者是不信祂的人，祂都要對他們講話。上帝是公正的上帝，祂把人一切的毛病都說出來了，上帝不但揭發人當中那些敗類的毛病，也把人間最偉大的人物的毛病也寫下來。

　　上帝叫摩西頒布十條誡命其中一條是「不可殺人」（出埃及記二十章 13 節）。摩西自己就曾殺死一個埃及人。如果你是摩西，你要告訴人不可殺人，你心裡一定會想：「我曾殺死埃及人，這一件事可不可以不要寫進《聖經》裡？免得讓人家說，你叫人家不要殺人，你自己還要殺人！」所以，依人的本性，一定要遮掩那段事實，以萬古流芳。

　　但是上帝說：「摩西，不行！這本不是你的書，是我的書，我要把你殺過人的事也寫下去。」摩西就寫進去了。你明白嗎？

　這就是《聖經》所以稱作《聖經》的緣故，因為它是上帝的話，上帝的話是不與人開玩笑的。上帝說寫，作者就要寫，不能討價還價。

　大衛是合上帝心意的王，他尋求上帝的心意，明白上帝的愛又表露上帝的恩典，但是大衛有一件事很不好，使他一生蒙上污點，惹上帝發怒，他借刀殺人，搶人家的太太做自己小老婆。如果《聖經》是大衛叫人家寫的，一定不會把這段史實寫下來，但當時寫經書的人，是受上帝之命而不是受人之命，所以他還是寫下來了。這就是為什麼我說《聖經》記載的事情，把上帝的聖潔全表露出來的緣故，聖潔的主，把人的污點顯明出來。《聖經》把這些事情記載下來是為了表明賜下道德感、責任感的創造者上帝對人的批判，甚至祂知道人家因此會攻擊祂，祂還是要把這個事情點出來。你從這個本質就可以看出《聖經》的聖潔。

　第三、《聖經》有非常強烈的準確性

　你認為《聖經》講的話是亂講的嗎？我告訴你，它一字一句都極其正確，毫不隨便，連次序都不會隨便顛倒，整本《聖經》的準確性是很清楚的。

　《聖經》裡所說的預言都一條一條應驗了。為什麼呢？因為上帝說：「我留意保守我的話，使得成就。」從前的先知都有一個本能，他們會藉著上帝的靈，預先看到一些沒有發生的事情，宣告這些事的先知，都是敬畏上帝的。在歷史上，這些預言的應驗是一個不能推翻的事實。

　耶穌還沒有降生在世界上以前《聖經》已經預言祂會生

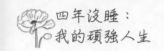
在伯利恆。或許你會說這是碰巧，但是，你會相信《聖經》上那麼多預言應驗全都是碰巧的嗎？

《聖經》不僅預言耶穌生在伯利恆，也預言耶穌死的時候是被葬在有錢人的墳墓裡面；《聖經》預言，祂要被掛在木頭上，也預言祂的手、祂的腳都要打、被刺，最稀奇的事，《聖經》預言祂死的時候一根骨頭都沒有折斷。當耶穌釘在十字架上時，與祂同釘的兩個強盜的兩腿都被打斷，唯獨耶穌的沒被打斷；而那一天打斷兩個強盜的腿的羅馬兵連《聖經》怎麼預言都不知道，就不知不覺應驗了《聖經》的話，像這一類預言，真是不勝枚舉。

此外，《聖經》也預言世界局勢的變遷。譬如說，推羅、西頓是古時地中海最大的商港，而《聖經》卻預言它們以後會衰微成只是漁人曬網的地方，這在當時看來怎麼可能呢？巴比倫是當時最堅固的城牆，單單城的高度差不多有幾十公尺，連北京的樓牌也沒有那個高度、寬度，城池之大是沒有任何一個城市可以相比的，但《聖經》預言，以後會找不到巴比倫，城要被沙土遮蓋，鳥要在那裡哭、在那裡叫。如今這些事都應驗了。

因為《聖經》上已經應驗的預言有那麼多，所以我們對尚未應驗的預言也存著一種謹慎的態度，我們相信它們將來必會應驗。

有人問耶穌，第二次再來以前會有什麼記號？耶穌說：「民要攻打民，國要攻打國，地要大震動，多處必有飢荒瘟疫。」（路加福音二十一章 10-11 節）從十四世紀以來，有

很多人開始注意地震，發現它的次數越來越多，十九世紀比十七、八世紀的總數還多，二十世紀的前六十年裡面，地震總數已比十九、十八、十七世紀的總數還要多好幾倍。我們相信耶穌第二次快要再來了。

三千五百年前，第一個寫《聖經》的摩西在經中記載：「（孩子）生下來第八日都要受割禮。」（創世紀十七章 12 節）為什麼不是第七天或第九天呢？上帝說：寫下來，第八天行割禮，摩西就寫下來，他沒有問為什麼，直到一九四〇年的時候，一個加拿大醫生才發現，一個嬰孩自生出來，寫裡的凝血素就慢慢加添，到第八天，是數日最高的時候，第九天以後又開始降下去，人的一生裡面，沒有比小孩出生第八大的凝血素更強的，在那一天行割禮，血容易凝固，傷口很容易癒合。上帝知道，人不知道，但上帝說：第八天！上帝知道為什麼……。

現在很多人因為對上帝某些吩咐不了解，就反對上帝，就如同看不懂愛因斯坦的書就反對愛因斯坦一樣，這是不合理的。《聖經》裡有許多話，我們現在看不懂，但將來可能會懂。無論如何，我們應當信上帝是真理的源頭，信上帝話語的準確性。

以上轉載自唐崇榮牧師的《宇宙中的絕對者》全書完畢。GraceHsu 春穗 2020 / 9

太陽還存，月亮還在，人要敬畏你直到萬代。（詩篇七十二篇 5 節）

真理：敬虔基督徒的面對苦難的態度是最大的見證。

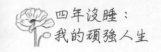

「我的」眼淚極重要，病痛、失敗、困頓……都很重要，怎能枉費苦難……（選）

神的榮耀應成爲我們的最大最終極目的……。

我們在一切患難中，祂就安慰我們，叫我們能用神所賜的安慰去安慰那遭受各樣苦難的人。我們既多受基督的苦楚，就靠基督多得安慰。（哥林多後書一章 4-5 節）

我們蒙召成爲世上的鹽和光，

蒙召發揮防腐與發光的功效，

我所領受的是何等的呼召啊

蒙召所映主大能大力的榮耀。（Fitzhugb）

有「鹽味」的基督徒使人渴慕生命的活水（耶穌）

與其批評文化腐敗，以及大部分的人過著平淡無奇的生活，我們不如跳進鍋中，因爲我們是世上的鹽。（VCG）

求主開眼睛，能看見許多靈魂深陷罪惡困境；

幫助我去愛、去禱告，去尋回失喪的人。（Harrison）

真理：全心的愛上帝，就能愛人如己。

愛基督的人，也會愛失喪的人。

感恩上帝賜給我一個特別豐富的「完整人生」

打從 11 歲重摔右頭部爲始，導致四年多以後的另個四年多的煎熬……。

及至遲暮之年的去年 7 月，再重摔左邊頭部，激出我的這篇見證篇爲終，上帝逼我「投降」，我知我不盡力完成此篇，祂是「抹放我煞」啦……哈……。真實覺得上帝您是夠幽默的啦……。「摔得完全」，人生也才「活得完整」乎？

一笑……。我是被「命定」再摔一次乎？

　　感恩上帝許我一個無怨無悔的人生，也使「一鍋滾水」熬後沒冷卻……卻成為「一鍋溫熱水」……。

　　前述：「熱誠能提升生活的深度，使生活更有意義。如果你表現的冷淡，你或許會開始凍僵。如果表現的熱誠無比，就算因此燒到自己，至少你將會在這個懦弱與徹底混亂的世界中，散發出一股溫暖」（諾曼・文・生皮爾博士）

　　世上帳篷將要傾倒

　　不知何時或遲或早

　　但我得知慈悲救主

　　在天為我已備住處（Crosby）

　　不要把你的樁子打得太深清晨我們便要離去（選）

　　我們真需窮極一生去思索人生的深刻意義與核心價值，真實可體會是前述之所謂的「生寄死歸」……。

　　最後以伊拉斯姆（Desiderius Erasmus）這篇「跟從基督的愚昧」：紀念所有為神國勞苦奔波的福音勇士……（伊拉斯姆 1467-1536 任過神甫，進修神學院，後專於古典文學與法國人文主義，生於荷蘭鹿特丹）

　　他說：整套基督信仰看來與某種愚昧有一定關係，而且並不完全贊同智慧的價值……世上有哪一種傻瓜可以比那種因為對宗教的熱誠，而不顧一切的人幹出更愚昧的事來？他們丟下榮華富貴，不理會傷痛，容許自己受騙，不懂分辨朋友或敵人，逃避快樂的事，讓自己飢餓、孤獨、流淚、勞動、受辱〉（選）……。

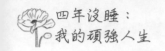
神今天在祂的兒女中尋找有心的人，尋找肯付代價的人。庸碌之人醉生夢死，不是神所能使用。神所需要的乃是「先天下之憂而憂，後天下之樂而樂」的人、有異象有負擔的人、肯犧牲擺上的人、願意順服主、忠心至死的人。（選）

前述：擊鼓的人不必管鼓聲可傳多遠，只管努力擊鼓，鼓聲傳多遠就交給上帝吧！（剛果諺）

威廉克里（Willian Carey）（1761-1834）著作：「基督徒當竭盡所能引導不信者歸信」，在書裡宣揚「傳福音給每個人是上帝給每個信主的人的大使命」……。

生命中真正的英雄，

不見得在石上留名；

而他們的生命意義，

在於侍奉萬王之王。（Gustafson）

為主而活的生命必將留芳百世。

其壯麗「曲調」必將穿透歷史長廊……而後「餘音蕩漾」……。

香水的味道會散去，但我們生命的馨香將永遠留存。（選）

@基督徒被一位捨己的神呼召，要在這個殘酷世界中勇敢、去捨棄、去分享。信仰之路雖是窄路，卻是真正蒙福之路。（選）

當你能夠

忘記你的過去

看重你的現在

樂觀你的未來

你就站在生活的最高處

當你明白

成功不會顯赫你

失敗不會擊垮你

平淡不會淹沒你時

你就站在生命的最高處（摘自無名氏）

@成功的、當權的、有名的……都會很快地過去，留下的是失敗打不倒、監獄進不了、忠心的真理實行者。（張文亮教授）

為上帝而活的一生無疑將化為永恆……（選）

信主超過四十年，似乎忙茫盲的浮沉一生，深深覺得有蹉跎歲月的罪惡感，與虧負傳福音的任務使命，如前述：真實盼望我的此見證篇，或能稍彌補我內心深處對上帝的虧欠……上帝賜福闔家……。

「人生必須要有一些堅持，對糾正錯誤的堅持，對追求完美的堅持，對人生負責的堅持，這些是成就人生的重要方式，更是讓人生無悔的唯一方式。（選）」

我一生一世必有恩惠慈愛隨著我；我且要住在耶和華的殿中，直到永遠。（詩篇二十三篇 6 節）

GraceHsu 春穗完稿於 2021 年 04 月

國家圖書館出版品預行編目資料

四年沒睡：我的頑強人生／許春穗著. –初版.–
臺中市：白象文化事業有限公司，2022.2
　　面；　公分.
ISBN 978-626-7105-07-8（平裝）

1.CST：基督徒 2.CST：靈修
244.92　　　　　　　　　　110021914

四年沒睡：我的頑強人生

作　　者　許春穗
校　　對　許春穗、李婕
發 行 人　張輝潭
出版發行　白象文化事業有限公司
　　　　　412台中市大里區科技路1號8樓之2（台中軟體園區）
　　　　　出版專線：（04）2496-5995　　傳真：（04）2496-9901
　　　　　401台中市東區和平街228巷44號（經銷部）
　　　　　購書專線：（04）2220-8589　　傳真：（04）2220-8505
專案主編　李婕
出版編印　林榮威、陳逸儒、黃麗穎、水邊、陳媁婷、李婕
設計創意　張禮南、何佳諠
經銷推廣　李莉吟、莊博亞、劉育姍、李如玉
經紀企劃　張輝潭、徐錦淳、廖書湘、黃姿虹
營運管理　林金郎、曾千熏
印　　刷　基盛印刷工場
初版一刷　2022 年 2 月
定　　價　300 元